内部控制与银行管理实践研究

杨增生　著

中国纺织出版社有限公司

内 容 提 要

本书从内部控制的风险管控本质出发，证实了内部控制在银行风险决策与风险管理过程中的积极作用，向我国商业银行展示了内部控制在风险管理实践中的作用与价值，高质量的内部控制对提升银行风险管理的有效性，提升经营效率与效果，确保合规稳健经营，以及防范系统性金融风险、维持金融体系的安全稳定、提升我国经济运行效率与经济资源配置的有效性都具有重要意义。

图书在版编目（CIP）数据

内部控制与银行管理实践研究 / 杨增生著. -- 北京：中国纺织出版社有限公司，2023.11

ISBN 978-7-5229-0940-0

Ⅰ. ①内… Ⅱ. ①杨… Ⅲ. ①商业银行—内部审计—研究—中国 Ⅳ. ①F239.65

中国国家版本馆CIP数据核字（2023）第208326号

责任编辑：赵晓红　　责任校对：江思飞　　责任印制：储志伟

中国纺织出版社有限公司出版发行
地址：北京市朝阳区百子湾东里A407号楼　邮政编码：100124
销售电话：010—67004422　传真：010—87155801
http://www.c-textilep.com
中国纺织出版社天猫旗舰店
官方微博 http://weibo.com/2119887771
天津千鹤文化传播有限公司印刷　各地新华书店经销
2023年11月第1版第1次印刷
开本：710 × 1000　1/16　印张：12.5
字数：160千字　定价：88.00元

前言

银行在我国金融体系中占据重要位置，银行业资产规模占我国金融资产总量的80%以上，在经济改革与发展中的地位举足轻重。加强我国银行业的监管对防控金融风险、维护金融系统的安全稳定至关重要。然而，近年来我国银行系统大案频出。一些重大案件集中暴露了我国商业银行部分分支机构合规意识淡薄、内控严重失效等问题。银行在资金融通、资本配置、经济效率提升等方面起着重要的金融中介作用，但其独特的行业属性也导致银行具有内在的风险性与脆弱性。一旦银行系统发生危机，将对整个国民经济造成巨大的负面影响，甚至可能引发系统性金融风险。因此，加强对银行系统的风险防控与监管意义重大。

2008年，我国财政部、审计署、证监会、银监会和保监会联合发布了《企业内部控制基本规范》，并于2010年颁布了《企业内部控制配套指引》。围绕内部控制在合理保证企业财务报告可靠性、遵守适用的法律与法规以及经营效率与效果等方面的目标，国内外学者进行了大量的研究。然而，学者们的研究都较为关注非银行业企业，对内部控制在银行业风险决策与经营管理过程中的作用却鲜有进行实证检验。其实，银行业内部控制的规范与监管历史比非银行业企业更为久远。在美国，早在1991年，美国国会就颁布了《联邦存款保险公司改进法案》（FDICIA）。该法案要求银行基于风险进行存款保险，提高资本充足率并加强内部控制，资产超过5亿美元的银行的高管层与外部审计师还必须对银行内部控制的有效性进行评价。在我国，中国人民银行于2002年就已印发《商业银行内部控制指引》。该指引不仅包括财务报告可靠性、合法合规性、经营效率与效果三大目标，还包括风险管控目标——确保风险管理系统的有效性。由于银行业经营风险较高且在金融系统中占据重要位置，为促进银行稳健经营并确保金融系统的安全稳定必须加强风险管控，因而建立健全商业银行的内部控制制度至关重要。然而，目前国内却鲜有文献实证检验内部控制在银行业风险决策与经营管理过程中的作用。

基于此，本文选取了2007—2014年我国沪深两市A股的16家上市银行为研究样本，以厦门大学内部控制课题组（2014）按照内部控制“过程观”构建的“中国上市公司内部控制指数”衡量内部控制质量，研究内部控制在银行风险决策与风险管理过程中的作用。通过实证研究方法，本文得出以下结论：第一，通过提升风险管控的有效性并降低信息不对称程度，高质量的内部控制可以有效降低银行风险承担。第二，高质量的内部控制显著降低了银行资本充足率。更进一步，该结果主要存在于资本充足率高于监管底限的样本，且高质量的内部控制有助于降低资本充足率超出监管底限的幅度。第三，高质量的内部控制显著提升了银行业绩—风险敏感性，表明良好的内部控制提升了银行的风险管控质量与经营效率。第四，以我国一家资产超过万亿规模的商业银行为例，根据我国国内外形势下银行加强贷后管理、优化提升风险识别、风险预警及风险处置能力工作实践进行分析总结。

本文的创新和贡献主要体现在：首先，扩展了内部控制经济后果的相关研究。银行业是经营风险的行业，在银行风险决策与风险管理的过程中，内部控制扮演着重要的角色。然而，国内却鲜有实证文献研究内部控制在银行风险决策与风险管理过程中的作用。本文首次从风险管控有效性与经营效率及效果的视角出发，实证检验了内部控制在银行风险决策与风险管理过程中的作用，为内部控制在银行经营管理过程中的作用与价值提供了经验证据。其次，丰富了银行风险决策与风险管理的相关研究。以往国内对银行风险承担、银行经营业绩等方面的研究大多围绕我国宏观经济、货币政策等宏观因素或股权结构、董事会、监事会及高管激励等公司治理机制展开，而本文则从银行内部治理的视角研究内部控制质量对银行风险决策与风险管理的影响，丰富与拓展了银行风险承担、银行经营业绩的相关研究。最后，本文的研究对于银行风险管控实务以及银行业监管当局均具有重要的启示与借鉴意义。加强我国商业银行内部控制建设对提升银行风险管控有效性以及维护我国金融系统的安全稳定具有重要意义。对银行而言，加强银行内部控制建设，可以提升银行风险管理系统的有效性，降低银行风险承担，提升经营效率与效果，确保银行稳健经营；对监管当局而言，通过加强内部控制监管促使银行提升自身的风险管控能力，对促进我国金融系统整体运行效率的提升、防范系统性金融风险、维持金融体系的安全稳定、提升我国经济运行效率与经济资源配置的有效性都具有重要意义。

本书得到龙岩学院博士科研启动项目（LB2021006）的支持，特别感谢中国纺织出版社有限公司的编辑在本书出版过程中的鼎力支持和专业建议！

由于笔者水平有限，难免有疏漏之处，恳请批评指正！

杨增生

2023年7月

目录

1

绪论

1.1 研究背景与研究问题

习近平总书记在党的十九大报告中指出，“我国经济已由高速增长阶段转向高质量发展阶段，正处在转变发展方式、优化经济结构、转换增长动力的攻关期”。在近几年我国在经济增长承压以及美联储加息等外围复杂多变环境的影响下，如何确保我国经济高效增长以实现高质量发展目标，离不开作为经济发展金融中介的商业银行在资金融通、资本配置和经济效率提升等方面发挥重要的作用。然而，近些年来互联网与金融科技蓬勃发展，随着我国供给侧结构性改革的深入推进，产业结构面临进一步调整，银行资产质量面临严峻考验，我国银行业ROE已连续多年下降。面对我国经济转向高质量发展的经营环境的变化，以及各种内外部因素变化的冲击，我国商业银行高质量发展的内在需求在不断提升，银行的经营重心将由规模扩张转向效率提升，同时注重加强风险管控质量，从而不断提升银行的整体运营效率及经营效益。

我国前银保监会主席郭树清同志在专访中曾表示要把“防范化解金融风险”放在更加突出的位置。针对我国银行业部分机构内控机制不健全、时常出现违法违规事件等问题，中国银监会对此着重加强了查处力度。近期查处的一些银行重大案件，集中暴露了我国商业银行部分分支机构存在合规意识淡薄、内控严重失效等问题。银行在资金融通、资本配置和经济效率提升等方面起着重要的金融中介作用，但因其独特的行业属性也导致其具有内在的风险性与脆弱性。一旦银行系统发生危机，将对整个国民经济造成巨大的负面影响，甚至可能引发系统性金融风险。因此，加强对银行系统的风险防控与有效监管意义重大。

回顾2008年由美国次贷危机引发的全球金融危机，全球实务界与学术界都对此次危机产生的原因进行了深刻的反思，其中金融机构过度的风险承担以及薄弱的治理机制是此次危机发生的两大决定性因素（Kirkpatrick, 2009；Adams and Mehran, 2011；Dewatripont et al., 2015；Sun and Liu, 2014）。然而，受到银行业独特的行业特征的影响，银行外部治理机制在银行治理过程中的作用十分有限，内部治理才是银行治理机制中的主要方式（潘敏，2013）。作为内部治理的重要机制——内部控制，即通过一整套规范来约束公司治理层、管理者以及全体员工行为的一种相互制衡、相互牵制的制度体系，有助于提升银行的治理效率与效果，进而起到防控风险的效果。因此，加强并完善银行系统内部控制显得尤为重要，这对于提升银行风险管控能力，确保银行稳健经营，有效防范金融风险，维护金融体系的安全与稳定具有重要意义。

2002年美国《萨班斯—奥克斯利法案》（以下简称SOX法案）颁布以后，全球实务界与学术界对内部控制日益重视。在我国，上海证券交易所、深圳证券交易所先后于2006年6月、9月发布了《上海证券交易所上市公司内部控制指引》《深圳证券交易所上市公司内部控制指引》，这两份指引分别于2006年7月1日、2007年7月1日起开始实施。2008年6月，我国财政部等五部委颁布了中国版SOX法案——《企业内部控制基本规范》，随后于2010年4月颁布了《企业内部控制配套指引》，要求上市公司对本公司的内部控制进行评价并披露内部控制自我评价报告，同时还要求审计师对内部控制出具审计意见。

围绕内部控制在合理保证财务报告可靠性、合法合规性、经营效率与效果等方面的目标，国内外学者进行了大量的研究。在合理保证财务报告可靠性方面，一些学者发现内部控制在抑制盈余管理（Doyle et al., 2007；张龙平等，2010；方红星和金玉娜，2011；范经华等，2013）、提高会计稳健性（Goh and Li, 2011）、增强盈余公告信息含量（董望和陈汉文，2011）、缓解信息不对称（Ashbaugh-Skaife et al., 2013）、降低代理成本（杨德明等，2009）、提升会计信息质量（刘启亮等，2013）等方面发挥了重要作用；在合理保证企业遵守适用的法律与法规方面，我国学者发现良好的内部控制有助于降低企业违规的可能性（单华军，2010；杨道广和陈汉文，2015）、降低企业的诉讼风险（毛新述和孟杰，2013）等；在合理保证企业的经营效率与效果方面，一些文献发现了高质量的内部控制有助于提高企业的投资与经营效率（Cheng et al., 2013；Goh and Kim, 2013；Feng et al., 2015；Cheng et al., 2017；李万福等，2010；李万福等，2011）、降低企业经营风险（高明华等，2013；杨道广和陈汉文，2013；方红星和陈作华，2015；叶康涛等，2015）、提升并购整合能力与并购业绩（杨道广等，2014）等。然而，国内外学者对于内部控制的实证研究基本都聚焦于非银行业企业，而鲜有文献对内部控制在银行风险决策与经营管理过程中的作用进行实证检验。

其实，银行业内部控制的规范与监管历史比非银行企业更久远。银行是经营风险的金融机构，具有其自身独特的行业特征，如高负债率的资本结构、资产负债期限不匹配、资产交易的非透明性和严格的行业监管等特征（潘敏，2006）。银行在经营过程中伴随着多种风险，如信用风险、市场风险、操作风险和流动性风险等。此外，银行在我国金融体系中具有特殊的地位，并且在促进我国经济发展、优化资源配置、维护金融系统的安全与稳定等方面发挥了重要作用。银行危机除了会给银行股东、债权人等利益相关者带来巨大的损失，还可能会引发区域金融危机，对整个国家经济造成极大的破坏。因此，银行业一直受到各国政府严格的监管，在银行市场准入、风险治理结构、内部控制系统和资本充足率等方面监管当局都有严格的规定。

在美国，美国国会于1991年就颁布了联邦存款保险公司修正法案（以下简称FDICIA）。该法案要求银行基于风险进行存款保险，从而提高资本充足率并加强内部控制，其中资产超过5亿美元的银行的高管层与外部审计师还必须对银行内部控制的有效性进行评价。在此背景下，一些学者就FDICIA内部控制监管对银行业财务报告质量以及风险承担的影响展开了实证研究。他们通过研究发现，FDICIA显著提升了银行财务报告质量（Altamuro and Beatty, 2010）、降低了银行所面临的总风险、系统风险与非系统风险（Akhigbe and Whyte, 2001）、降低了银行的风险承担水平并降低了银行在金融危机期间陷入财务困境的可能性（Jin et al., 2013）。

在我国，中国人民银行分别于1997年、2002年印发了《加强金融机构内部控制的指导原则》《商业银行内部控制指引》。在《商业银行内部控制指引》中，内部控制的目标包括：①确保国家法律规定和商业银行内部规章制度的贯彻执行；②确保商业银行发展战略和经营目标的全面实施和充分实现；③确保风险管理体系的有效性；④确保业务记录、财务信息和其他管理信息的及时、真实和完整。2003年我国银监会成立以后，分别于2007年、2014年对《商业银行内部控制指引》进行了修订，但关于内部控制的目标在修订后并未发生实质性改变，除财务报告可靠性、合法合规性、经营效率与效果三大目标外，还包括风险管控目标——保证风险管理系统的有效性。从我国银行业内部控制的发展进程来看，银行内部控制始终强调“经营管理”与“风险管控”导向。由于银行业经营风险较高且在金融系统中具有特殊的地位，为了促进银行的稳健经营并确保金融系统的安全与稳定必须加强风险管控，因此建立健全商业银行内部控制制度至关重要。但遗憾的是，目前国内鲜有文献实证检验内部控制在银行业风险决策及经营管理过程中的作用。仅章添香和张春梅（2015）探讨了我国内部控制实施对商业银行经营绩效的影响。

基于此，本书以2007—2014年我国沪、深两市A股16家上市银行为研究样本，研究内部控制质量对银行风险决策与风险管理的影响，为内部控制在银行经营管理过程中的作用与价值提供一些经验和证据。

1.2 研究思路与结构框架

本书试图研究内部控制在银行风险决策与经营管理过程中的作用。以2007—2014年我国沪、深两市A股16家上市银行为研究样本，通过实证研究的方法，首先检验内部控制质量对于银行风险承担的影响，其次检验内部控制质量对于银行资本充足率的影响，再次检验内部控制质量对于银行业绩—风险敏感性的影响。最后在实证研究的基础上，本书以我国一家资产超过万亿规模的商业银行为例，对在国内外形势下银行贷后管理、优化提升风险识别、风险预警及风险处置能力的工作实践进行分析总结。其研究思路与研究框架如图1-1所示。

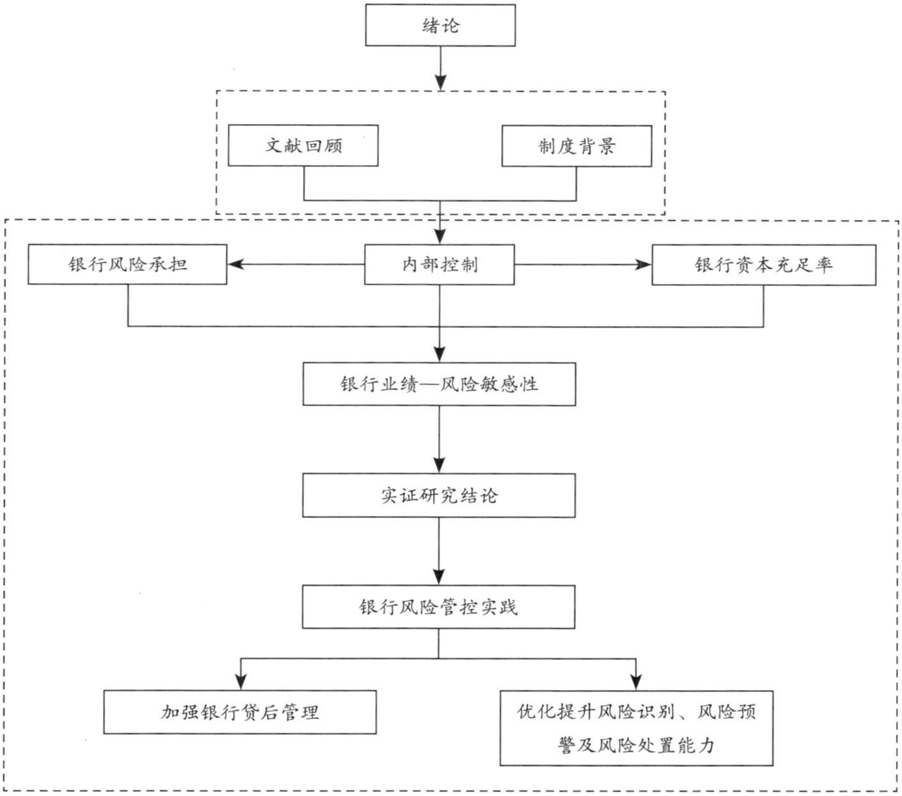

图1-1　研究结构框架图

根据以上思路，本书分为四个部分，共九章，具体安排如下：

第一部分：第1章，绪论篇。

第1章为绪论。主要介绍了本书的研究背景，在此基础上提出研究问题，阐明本书的研究思路与研究结构框架，最后指出本书的研究贡献。

第二部分：第2、第3章，研究基础篇。

第2章为内部控制的影响因素和经济后果。对国内外有关内部控制相关文献进行综述，主要包括内部控制的影响因素以及内部控制的经济后果等相关文献，尤其是对银行业内部控制相关的实证研究文献也进行了着重梳理。

第3章为银行业的基础理论。主要介绍了银行业的相关制度背景，包括银行业特征、主要风险类型以及内部控制、资本充足率的相关法律法规，为后续的实证研究奠定了基础。

第三部分：第4~7章，实证研究篇。

本书的研究主体部分包括三个实证研究，分别为内部控制质量与银行风险承担、内部控制质量与银行资本充足率、内部控制质量与银行业绩—风险敏感性。本书首先从银行整体风险的视角研究内部控制对银行风险承担的影响，其次从银行某一专项业务风险决策的视角研究内部控制质量对资本充足率的影响，最后从银行风险资产的收益实现视角研究内部控制质量对银行业绩—风险敏感性的影响。

第4章为内部控制质量与银行风险承担。高质量的内部控制如果通过提升风险管控效率、降低信息不对称程度，可以有效降低银行的风险承担水平。通过进一步研究发现，内部控制质量对银行风险承担的影响还受到银行属性及其所面对的外部环境的影响。具体而言，内部控制对于国有控股、资本金水平更高、特许权价值更低的银行风险承担的影响更显著；银行所在地区的市场化程度越低，内部控制对银行风险承担的抑制作用则更显著。

第5章为内部控制质量与银行资本充足率。资本充足率的确定与维持水平是银行的一项重要的风险决策，资本充足率过低可能会导致较大的风险，资本充足率过高则可能存在过度规避风险、降低银行经营效率等问题。本书中第4章的实证结果表明，高质量的内部控制可以有效降低银行的整体风险水平。在此基础上，本章进一步分析内部控制对银行具体专项风险——资本充足率的影响。研究发现，通过提升银行的风险决策质量以及经营效率与效果，高质量的内部控制有助于降低银行的资本充足率。区分资本充足率的相对水平后，发现该结果主要存在于资本充足率高于监管底限的样本，且高质量的内部控制有助于降低资本充足率超出监管底限的幅度。通过进一步研究发现，该效应在民营银行以及所在地区市场化程度较低的银行中更加显著。

第6章为内部控制质量与银行业绩—风险敏感性。本书中第4章的研究表明，高质量的内部控制有效地降低了银行的风险承担水平；第5章的研究发现，高质量的内部控制有助于降低银行的资本充足率。在此基础上，本章进一步检验了内部控制对银行经营业绩与银行风险承担敏感性的影响。研究发现，高质量的内部控制能够有效增强银行业绩—风险敏感性，同时能够有效提升银行的风险管控质量与经营效率。通过进一步分析发现，内部控制对于增强银行业绩—风险敏感性的效果在民营控股、资本金水平更高、规模更大的银行中表现得更加明显。

第7章总结实证研究结论，并在此基础上指出本章的不足之处与未来可能的研究方向。

第四部分：第8、第9章，实践经验篇。

实践篇以我国一家资产超过万亿规模的商业银行为例，就我国国内外形势下银行加强贷后管理、优化提升风险识别、风险预警及风险处置能力的工作实践进行分析总结。

第8章从贷后检查的重要性及存在的问题出发，结合当前复杂严峻的外部经济环境以及银行日益增长的信贷业务规模，剖析银行客户经理贷后检查不落实、不及时和不到位的具体原因，从加快大数据风险预警系统建设、根据不同授信类型聚焦授信实质性风险、丰富市场人员贷后管理使用工具、加强贷后检查绩效考核机制的执行力度等方面，制定有关提升贷后检查质效的措施。

第9章根据当前银行面临的内外部环境，提醒银行要及时紧跟外围形势变化，以更强的危机意识应对挑战，把前瞻前置落实到全面风险管理的各个环节，加强宏观形势和监管政策的研究分析，加强行业研究、区域监测及限额管控，提升风险识别能力和管理能力；加强存量排查、隐患化解及清收消化，强化贷前调查、评审审查及授信后监测管控预防增量，不断夯实信贷风险管理基础提质增效；充分运用大数据系统、天眼系统等科技手段，实现全天候、全流程动态监测，开启风险预警科技监控新时代；完善分行各项评审机制和风险管控机制，提升分行风险管理水平和处置能力，实现关口前移和预防为先；确保资产质量始终保持同业优先水平。

1.3 主要创新与贡献

本书实证检验了内部控制在银行风险决策与经营管理过程中的作用，发现了高质量的内部控制可以有效降低银行风险承担、降低银行资本充足率、增强银行银行业绩—风险敏感性。本书的主要创新与贡献主要表现在以下几个方面。

1.3.1 扩展了内部控制经济后果的相关研究

银行业的经营过程伴随着多种风险，在银行风险决策与风险管理的过程中，内部控制扮演着重要的角色。然而，在我国却鲜有文献实证检验内部控制在银行风险决策与风险管理过程中的作用，仅章添香和张春梅（2015）探讨了我国内部控制实施对商业银行经营绩效的影响。本书首次从风险管控的有效性以及经营效率与效果的视角出发，实证检验了内部控制在银行风险决策与风险管理过程中的作用，为内部控制在银行经营管理过程中的作用与价值提供了一些经验和证据。

1.3.2 丰富了银行风险决策与风险管理的相关研究

以往国内对银行风险承担、银行经营业绩等方面的研究大多都是围绕我国宏观经济、货币政策等宏观因素或股权结构、董事会、监事会以及管理层激励等公司治理机制而展开，而本书则是从银行内部治理的视角研究内部控制对于银行风险决策与风险管理的影响，从而丰富与拓展了银行风险承担、银行经营业绩等方面的相关研究。

1.3.3 本书的研究对于银行风险管控实务以及银行业监管当局具有重要的启示与借鉴意义

银行业是经营风险的行业，有效的风险管理是银行持续经营的关键，加强我国商业银行内部控制建设对提升银行风险管控的有效性以及维护我国金融系统的安全与稳定具有重要意义。对于银行而言，加强银行内部控制建设，可以提升银行风险管理系统的有效性，降低银行风险承担，提升经营效率与效果，促进银行稳健经营；对监管当局而言，通过加强内部控制监管可以促使银行提升自身的风险管控能力，对于促进我国金融系统整体运行效率的提升、防范系统性金融风险、维持金融体系的安全与稳定、提升我国经济运行效率与经济资源配置的有效性都具有重要的意义。

2

内部控制的影响因素和经济后果

美国SOX法案颁布以后，国内外关于内部控制的研究文献开始大量涌现。总地来说，这些文献中关于内部控制的研究主要围绕两大领域展开，即内部控制的影响因素以及内部控制的经济后果。本章就内部控制的影响因素与经济后果的研究文献进行综述。

2.1 内部控制的影响因素

从国内外的研究文献来看，内部控制的影响因素主要包括公司内部特征与外部环境因素，其中公司内部特征包括公司基本特征与治理结构特征。

2.1.1 公司内部特征

2.1.1.1 公司基本特征

国内外的研究文献发现公司规模、经营业务复杂度、组织变革速度、财务状况和产权性质等特质属性会影响到公司的内部控制质量。Doyle et al.（2007）以2002—2005年披露内部控制缺陷的779家公司为样本，对披露内部控制缺陷的影响因素进行了研究，发现这些公司都具有规模小、上市年限短、财务状况差、业务结构复杂、增长速度过快和发生重组等特征；通过进一步研究发现，其中存在公司层内部控制缺陷的公司规模更小、上市年限更短、财务状况更差；存在账户层内部控制缺陷的公司财务状况好，但业务结构复杂、多样且富于变化。Ashbaugh-Skaife et al.（2007）的研究表明，披露内部控制缺陷的公司通常业务更复杂、组织结构更多变、会计风险更大、审计师变更频繁、内控资源更匮乏。Rice and Weber（2012）以发生财务重述公司为样本，研究披露内部控制缺陷的决定因素，发现只有少数公司在发生财务错报期间承认公司存在内部控制缺陷，且承认存在内部控制缺陷的概率随着时间的推移不断下降。通过进一步研究发现，披露内部控制缺陷与公司外部融资需求、公司规模、非审计费用和审计公司规模等因素呈现出显著负相关，与公司的财务状况、审计师努力、以往存在的内部控制缺陷、财务重述、审计师与管理层变等因素呈现的显著正相关。Hammersley et al.（2012）的研究表明，当公司披露的内部控制重大缺陷范围较广、经营结构较复杂时，公司往往难以在短期内对已披露的内部控制重大缺陷进行整改。Petrovits et al.（2011）采用1999—2007年27495家公共慈善机构为样本，通过研究非营利组织中内部控制缺陷产生的原因及后果，发现财务状况更差、增长速度更快、复杂度更高、规模更小的非营利组织更有可能发生内部控制缺陷；此外，在控制了影响捐赠与政府补助的其他因素后，发现内部控制缺陷的披露与组织收到的捐赠与政府补助呈显著负相关。

在我国，方红星和孙翯（2009）根据2006年的上市公司年报信息，研究了内部控制信息披露行为及其动因，发现在海外上市、公司总资产规模较大、被审计师出具标准无保留意见、产权性质为国有和规模排名靠前的上市公司有较强的动机披露内部控制信息。林斌和饶静（2009）研究了披露内部控制鉴证报告的影响因素，发现内部控制资源较多、成长较快、设置了内部审计部门的上市公司与内部控制鉴证报告的披露呈显著正相关，而上市年限更长、财务状况更差、组织变革程度更高以及发生违规的公司则不愿意披露内部控制鉴证报告。刘启亮等（2012）研究了产权性质对内部控制质量的影响，发现相对于地方政府控制的公司，中央政府控制的公司的内部控制质量更高，但与非政府控制的公司的内部控制质量的差异并不大。

2.1.1.2 治理结构特征

公司的治理机制、审计委员会与董事会质量、高管特质、内部审计职能等治理结构特征对于公司的内部控制质量也有重要的影响。Goh（2009）研究了审计委员会与董事会等公司治理机制对内部控制缺陷监督与整改的影响，发现公司治理机制有利于内部控制缺陷的及时整改，审计委员会规模更大、拥有更多非会计财务专家以及董事会独立性更高的公司更可能对内部控制缺陷进行及时整改。Hoitash et al.（2009）研究了公司治理与内部控制重大缺陷披露之间的关系，发现拥有更多会计与监督经验的审计委员会与董事会更不可能披露内部控制重大缺陷，表明董事会与审计委员会特征与内部控制质量有关。Hammersley et al.（2012）的研究表明，审计委员会规模更小的公司更不可能对已披露的重大缺陷进行整改。Naiker and Sharma（2009）研究了审计委员会中是否存在外部审计机构合伙人对内部控制缺陷的影响，发现审计委员会中存在前任合伙人与内部控制缺陷呈负相关，表明审计委员会中存在外部审计机构前任合伙人时可以更加有效地对公司内部控制进行监督。Johnstone et al.（2012）研究了公司董事会、审计委员会、高管层成员变更及特征与内部控制重大缺陷的关系，发现董事会、审计委员会以及高管层成员的变更与内部控制重大缺陷的披露呈现出正相关关系；董事会、审计委员会以及高管层重要特征的改善，如董事会中独立董事比例、审计委员会成员财务专长、审计委员会成员持股比例、CEO的声誉、CFO的财务专长与工作经验等特征的提升，有助于内部控制重大缺陷的整改。Li et al.（2010）研究了财务总监资质、财务总监变更与SOX 404非标意见之间的关系，发现公司财务总监的资质越好，其内部控制就越有效，从而被出具SOX 404非标意见的可能性越小。Lin et al.（2011）研究了公司内部审计职能与内部控制缺陷披露之间的关系，发现内部审计部门的受教育水平、将质量保证技术融入现场工作的程度、与财务报告的相关程度以及监督纠正以前发现的控制问题与公司内部控制重大缺陷的披露呈现出负相关关系，表明内部审计职能对内部控制重大缺陷的发生有重要影响。

在我国，程晓陵和王怀明（2008）研究了公司治理结构特征对于内部控制有效性的影响，发现年终股东大会出席率、管理层的诚信以及道德价值观念、审计委员会的设立和董事会特征等治理结构特性都会影响公司内部控制的有效性。方红星等（2009）根据2003—2005年沪市上市公司的年报信息，研究了公司特征与外部审计对内部控制信息披露的影响，发现董事会中独立董事比例更高、监事会规模更大、设立审计委员会的公司更愿意披露内部控制信息。张继德等（2012）研究了公司内部控制有效性的影响因素，发现管理层的重视与否是影响内部控制有效性的关键因素。池国华等（2014）采用2009—2011年我国A股上市公司为样本，根据“高层梯队理论”，研究了公司高管的性别、年龄、学历、教育背景和工作经历等背景特征对公司内部控制质量的影响，发现高管背景特征对公司内部控制质量有一定的影响，且不同高管对内部控制质量的影响程度存在差异，其中董事长对内部控制质量的影响显著，表明在公司内部控制建设过程中董事长起到了更为关键的作用。陈汉文和王韦程（2014）以2007—2012年我国沪、深两市A股上市公司为样本，研究了董事长年龄、教育背景、任职时间和薪酬水平等特征对公司内部控制质量的影响，发现董事长的年龄、受教育程度、任职时间以及薪酬水平与公司内部控制质量呈显著正相关。

2.1.2 公司外部环境

公司的内部控制质量不仅受公司内部特征的影响，还不可避免会受到所在国家的民族文化、所处地区的市场化水平以及产品市场竞争程度等外部环境的影响。Kanagaretnam et al.（2016）研究了不同国家之间的文化差异对公司内部控制重大缺陷的影响，发现文化维度中的个人主义、权力距离与内部控制缺陷的发生及数量呈正相关，文化维度中的不确定性规避与内部控制重大缺陷的发生呈负相关；个人主义与不确定性规避与内部控制重大缺陷的整改呈正相关，权力距离与内部控制重大缺陷的整改呈负相关。刘启亮等（2012）研究了外部制度环境对内部控制质量的影响，发现上市公司所处地区的市场化程度越高或政府对经济的干预程度越低，公司的内部控制质量就越高。张传财（2017）研究了产品市场竞争对内部控制质量的影响，发现公司所处地区的产品市场竞争越激烈，公司内部控制质量就越高，且该效应在非国有控股企业中的表现更为显著。

2.2 内部控制的经济后果

对企业财务报告可靠性、合法合规性以及经营效率与效果进行合理保证是内部控制的三大目标。内部控制对企业财务报告的质量有着重要影响，内部控制信息也因此成为企业外部信息使用者最主要的信息源之一。内部控制信息能够帮助投资者、债权人、高管层、审计师和监管当局等利益相关者进行各项相关的决策判断，进而引发一系列的行为反应。因此，内部控制的经济后果主要包括内部控制预期目标的实现以及内部控制信息引发企业利益相关者的一系列行为反应。

2.2.1 内部控制目标的实现

2.2.1.1 财务报告可靠性

在合理保证财务报告可靠性方面，国内外学者进行了大量的实证研究。Doyle et al.（2007）认为高质量的内部控制可以减少无意与故意的应计偏差，进而提升应计质量。他们的实证研究还发现内部控制缺陷与应计质量呈显著负相关，且负相关关系在发生公司层内部控制缺陷时表现得更为显著。Ashbaugh-Skaife et al.（2008）的研究表明，存在内部控制缺陷的公司应计质量更低，但内部控制缺陷整改后应计质量便会得到显著提升。Järvinen et al.（2016）研究了内部控制缺陷与公司真实盈余管理之间的关系，发现存在内部控制重大缺陷的公司进行真实盈余管理的可能性更大。Feng et al.（2009）研究了内部控制质量与管理层预测准确度之间的关系，发现内部控制缺陷会导致公司内部管理报告有误，从而会降低公司管理层预测的准确度；尤其是当内部控制缺陷涉及收入或产品销售成本时，内部控制缺陷对预测准确度的影响会更大。Goh and Li（2011）以披露内部控制缺陷的公司为样本，研究了内部控制缺陷与会计稳健性之间的关系，发现内部控制质量与稳健性呈显著正相关，存在内控缺陷的公司稳健性更低，内控缺陷得到整改后公司稳健性便会得到提升。

在银行业，Altamuro and Beatty（2010）证实了内部控制有助于提高银行财务报告质量；他们发现FDICIA内控监管提升了银行贷款损失准备的有效性、盈余持续性以及现金流预测的准确性，降低了银行盈余管理水平以及会计稳健性。

在我国，杨德明等人（2009）研究了内部控制对代理成本的影响，发现高质量的内部控制可有效降低公司经理人与股东、大股东与中小股东的代理成本。张龙平等（2010）的研究表明，披露内部控制鉴证报告可有效提升公司的会计盈余质量。董望和陈汉文（2011）研究了内部控制质量与会计信息质量的关系，发现高质量的内部控制可以显著提升应计质量，且盈余反应系数更大。方红星和金玉娜（2011）研究了内部控制对盈余质量的影响，发现高质量的内部控制可以有效抑制公司的会计选择盈余管理与真实活动盈余管理，内部控制鉴证报告的披露可以降低公司盈余管理程度，标准无保留审计意见的出具可以显著降低公司盈余管理水平。范经华等（2013）研究了内部控制对公司盈余管理的影响，发现高质量的内部控制可以有效抑制公司的应计盈余管理，但对公司的真实盈余管理的抑制作用较小。刘启亮等（2013）研究了内部控制对信息质量的影响，发现高质量的内部控制可以有效提升公司的会计信息质量，但同时还会受到公司高管权力配置结构的影响。

2.2.1.2 经营的合法合规性

合理保证企业遵守适用的法律与法规是内部控制的目标之一。单华军（2010）以2007—2008年深市上市公司为样本，研究了内部控制缺陷对公司违规行为的影响，发现内部控制缺陷与公司违规概率呈正相关关系。毛新述和孟杰（2013）以2008—2010年我国沪市的上市公司为样本，研究了内部控制对诉讼风险（涉诉次数与涉诉金额）的影响，发现内部控制质量与诉讼风险呈显著负相关，内部控制越有效，公司诉讼风险则越小。杨道广和陈汉文（2015）以我国2007—2011年上市公司为样本，发现高质量的内部控制可以有效降低公司违约概率与频率，且该效应在法治水平更低的地区表现得更为显著。

在美国，2002年SOX法案的颁布显著加大了公司董事与管理层对财务报告误述承担的责任，并加重了相关的刑事责任与罚金，同时SOX 404条款中还要求公司管理层与外部审计师对公司财务报告内部控制进行评价与鉴证，这些都使得管理层对公司承担的风险更敏感，更加倾向于规避风险。Litvak（2007）采用收益波动性、流动性比例以及杠杆率衡量企业风险，通过三重差分法检验了SOX法案对企业风险承担的影响，发现SOX法案显著降低了企业的风险承担水平，表明SOX法案给高风险企业带来了额外的负担，从而促使其降低了风险承担水平。Wang et al.（2010）通过1999—2005年CEO变更数据，发现SOX法案的颁布促使CEO更加倾向于规避风险。Bargeron et al.（2010）采用1994—2006年美国与非美国（英国、加拿大）的公司样本数据为例，检验了SOX法案对美国上市公司风险承担的影响，发现SOX法案实施后美国上市公司风险承担显著下降，具体表现为投资支出显著减少、现金持有显著增加以及股票收益波动显著下降。

在银行业，Akhigbe and Whyte（2001）研究了FDICIA对银行风险承担的影响，发现FDICIA显著降低了银行总风险、系统风险以及非系统风险，且该效应在资本金更低、规模更大以及信用风险更高的银行中表现得更显著。Jin et al.（2013）采用银行净利息收入与利润的波动率以及Z值来衡量银行风险，通过美国1138家银行样本数据，研究了FDICIA内控监管对银行风险承担的影响，发现FDICIA内控监管显著降低了银行在金融危机前期的风险承担水平，并降低了银行在金融危机期间陷入财务困境的可能性。

2.2.1.3　经营效率与效果

合理保证企业的经营效率与效果也是内部控制的重要目标。近年来，围绕内部控制的经营效率与效果目标，国内外学者提供了大量的经验和证据。Cheng et al.（2013）以披露内部控制缺陷的公司为样本，发现公司在披露内部控制缺陷前存在过度投资与投资不足的现象，但在披露内部控制缺陷以后，公司投资效率得到显著提升。Goh and Kim（2013）检验了内部控制有效性对企业经营效率的影响，发现财务报告内部控制与企业经营效率呈正相关关系，相对于存在内部控制重大缺陷的公司，内部控制有效的公司经营效率更高。Feng et al.（2015）通过存货内部控制缺陷与存货周转率的关系，研究了内部控制对公司经营效率的影响，发现存货内部控制缺陷会导致公司存货周转率更低，发生存货减值损失的可能性更大且损失数额更高。

在我国，李万福等（2010）发现良好的内部控制可以缓解因信息不对称而引发的代理问题，进而抑制过度投资行为，降低企业陷入财务困境的可能性。通过更进一步的研究，李万福等（2011）发现高质量的内部控制也能缓解企业的投资不足问题。杨道广等（2014）以我国2008—2009年已完成交易且收购方为上市公司的257个并购事件为样本，实证检验内部控制对并购整合能力及并购业绩的影响，发现高质量的内部控制有助于增强企业的并购整合能力，进而提升其并购业绩。方红星与金玉娜（2013）进一步区分了公司治理与内部控制对投资效率的不同影响，发现公司治理抑制非效率投资主要体现在意愿性的非效率投资，而内部控制抑制非效率投资则主要体现在操作性的非效率投资。张传财（2016）研究了内部控制对企业整体运营效率的影响，发现高质量的内部控制能够显著提升企业的运营效率，且该效应呈倒U型关系，同时会受到产权性质、公司规模、所处行业的产品市场竞争程度等因素的影响。在银行业，章添香和张春梅（2015）实证检验了我国内部控制实施对商业银行经营效率的影响，发现内部控制的实施有助于提升银行的经营效率。

2.2.2 利益相关者的行为反应

2.2.2.1 投资者

投资者是公司最直接的利益相关者，内部控制信息会直接影响到投资者对公司的风险评估、公司的权益资本成本以及投资者对公司审计意见的信任程度。Ogneva et al.（2007）研究发现，与内部控制完善的公司相比，存在内部控制缺陷的公司权益资本成本更高；但在控制了企业特征及分析师预测偏差等因素后，发现内部控制缺陷与公司权益资本成本无关，表明首次披露SOX 404内部控制缺陷与公司权益资本成本并无关联。Beneish et al.（2008）的研究表明，尽管披露SOX 404内部控制缺陷与公司权益资本成本无关，但披露SOX 302内部控制缺陷与公司权益资本成本呈正相关关系。Ashbaugh-Skaife et al.（2009）研究了内部控制质量变化对公司风险及权益资本成本的影响，发现存在内部控制缺陷的公司系统风险与特质风险更高，从而导致公司权益资本成本也更高；通过进一步研究发现，内部控制缺陷得到整改后，公司的权益资本成本会显著降低。Gordon and Wilford（2012）研究了连续存在多年的内部控制重大缺陷对公司权益资本成本的影响，发现披露已经存在多年的未整改内部控制缺陷对公司权益资本成本有着显著的负面影响。Asare and Wright（2012）研究了负面的内部控制审计意见的存在是否会影响投资者对财务报告标准无保留审计意见的信任程度，发现当出现负面的内部控制审计意见时，投资者会显著降低对同时存在的财务报告标准无保留审计意见的信任程度。Wu and Tuttle（2014）采用实验研究的方法，研究了管理层责任与内部控制审计的交互作用对投资者信心以及股票价格反应的影响，发现管理层责任与内部控制审计对于投资者信心以及股票价格反应具有替代效应，且其中管理层声誉起到中介作用；此外，相对于管理层内部控制责任与内部控制审计中单独一种机制发挥作用，两种机制同时发挥作用时投资者的信心与股票的价格更高。

在我国，吴益兵（2009）研究发现，自愿披露内部控制自评报告并不能降低公司权益资本成本，只有披露内部控制鉴证报告才可以降低公司权益资本成本。方红星和施继坤（2011）研究发现，通过自愿披露内部控制鉴证报告可以有效降低公司的权益资本成本。张然等（2012）的研究表明，自愿披露内部控制自评报告与鉴证报告都可以降低公司权益资本成本，但披露内部控制鉴证报告的效果更佳。陈汉文和程智荣（2015）研究了内部控制对公司权益资本成本的影响，发现高质量的内部控制可有效降低公司权益资本成本，通过进一步区分公司所处的不同生命周期后发现，在公司成长期与成熟期内部控制可以显著降低公司权益资本成本。

2.2.2.2 债权人

银行是企业对外融资的重要渠道，内部控制信息也是银行评估企业风险的重要信息来源，内部控制质量的变化必然会导致企业债务融资成本及债务契约的变化。Dhaliwal et al.（2009）研究发现，披露内部控制重大缺陷后，公司募集债务资本的边际成本会显著提升。Costello and Wittenberg-Moerman（2011）的研究表明，与内部控制相对完善的公司相比，存在内部控制缺陷的公司的债务资本成本更高。Kim et al.（2011）的研究表明，与不存在内部控制缺陷的公司相比，存在内部控制缺陷的公司贷款利差更大、面临更多的非价格性限制条款、吸引更少的贷款人；通过进一步分析发现，存在公司层内部控制缺陷的借款公司贷款利率更高，但内部控制缺陷得到整改后公司的贷款利率便会显著下降。Hammersley et al.（2012）的研究表明，未能及时整改以往披露的内部控制重大缺陷将会导致更高的债务资本成本，尤其当存在公司层重大缺陷时，公司的信用评级会更差且被收取更高的利息率。

在我国，方红星等（2013）研究发现，自愿披露正面的内部控制鉴证信息有助于传递良好的信息质量信号，从而降低公司债务的融资成本，享受较低的信贷利差。郑军等（2013）研究了内部控制质量对公司商业信用的影响，发现高质量的内部控制有助于公司获取更多的商业信用；通过进一步分析发现，在货币政策紧缩期间，内部控制质量较高的公司依然可以获取更多的商业信用。陈汉文和周中胜（2014）研究了内部控制对企业债务融资成本的影响，发现高质量的内部控制可以有效降低企业债务资本成本，且该效应在国有控股、金融市场更不发达、产品市场更激烈的公司中表现得更加显著。

2.2.2.3 管理层

SOX法案显著加大了公司管理层对内部控制有效性的保证责任，其中SOX法案302条款要求公司CEO与CFO对公司季度与年度的财务报告内部控制的有效性进行确认与评价。CFO在监督公司内部控制有效性的过程中发挥了越来越重要的作用（Collins et al., 2009）。

Carter et al.（2009）研究了后SOX时期公司盈余与奖金契约之间的关系，发现SOX法案及其相关改革降低了公司的盈余管理水平，从而导致公司加大了盈余在公司高管奖金契约中的权重。Hoitash et al.（2012）研究了内部控制缺陷对CFO薪酬的影响，发现内部控制缺陷的披露显著降低了CFO总薪酬、年度奖金和股权薪酬，且当公司治理监督更强或财务误报成本更高时，内部控制缺陷披露与CFO薪酬之间的负相关关系更强。Hsu and Liao（2012）检验了薪酬委员会是否会根据SOX 404审计意见调整公司CEO与CFO的薪酬水平，研究结果表明SOX 404审计意见会影响薪酬委员会对CEO与CFO的薪酬水平进行调整，从而激励他们提升内部控制质量；通过进一步研究发现，根据SOX 404审计意见调整公司CEO与CFO的薪酬水平在拥有更多财务专长的薪酬委员会中表现得更加显著。Wang et al.（2010）研究发现，披露内部控制缺陷的公司CFO薪酬水平显著下降，且发生CFO强制变更的可能性更高。Li et al.（2010）的研究表明，公司被出具SOX 404非标审计意见后更可能会发生CFO变更，且更有可能聘用资质更高的CFO。

在我国，卢锐等（2011）研究了内部控制质量对管理层薪酬业绩敏感度的影响，发现高质量的内部控制会显著加强管理层的薪酬业绩敏感度，且该效应在国有控股企业中表现得更加显著。

2.2.2.4　审计师

SOX法案颁布以前，并不强制要求公司披露内部控制报告，只有当审计师发生变更时才会要求公司对内部控制缺陷进行披露。但当SOX法案颁布以后，SOX 302条款要求公司CEO与CFO对公司财务报告内部控制的有效性进行评估并确认，SOX 404条款还要求外部审计师对管理层内部控制有效性的评价报告进行独立鉴证。此外，外部审计师还须为公司的财务报告出具审计意见，而公司的内部控制情况是审计师进行实质性测试的重要依据，因此内部控制的有效性对审计师出具的财务报告审计意见类型及审计费用都有重要影响。

Hammersley et al.（2012）的研究表明，内部控制重大缺陷未得到整改的公司收到非标审计意见或持续经营审计意见的可能性更大，且随着内部控制重大缺陷数量的增加，审计费用与审计师辞职的可能性均会显著提升。Goh et al.（2013）检验了内部控制缺陷与公司持续经营审计意见之间的关系，发现内部控制缺陷的审计意见会显著提高公司被出具持续经营审计意见的可能性；通过进一步研究发现，当存在公司层内部控制缺陷或处于高诉讼风险行业时，公司被出具持续经营审计意见的可能性更大。Raghunandan and Rama（2006）研究了SOX 404内部控制缺陷与审计费用之间的关系，发现披露内部控制重大缺陷的企业2004年的审计费用比未披露内部控制缺陷的企业高43%。Hogan et al.（2008）的研究表明，公司内部控制重大缺陷被披露前一年的审计费用显著更高，且审计费用与内部控制缺陷的严重性呈正相关。Hoag and Hollingsworth（2011）研究了内部控制缺陷的披露与整改对审计收费的影响，发现公司审计费用在内部控制缺陷得到整改后会显著下降，但审计费用仍然比从未披露内部控制缺陷的公司高19%。

在我国，张敏和朱小平（2010）的研究表明，高质量的内部控制有助于降低审计风险，从而导致审计师收取更低的审计费用。李越冬等（2014）研究了内部控制对审计费用的影响，发现内部控制重大缺陷与审计费用呈显著正相关，且正相关关系在国有企业中更加显著，表明内部控制与外部审计具有相互替代的作用。然而，也有学者发现内部控制质量与审计费用并不存在明显的负相关关系（张旺峰等，2011），甚至内部控制缺陷公司的审计费用反而更低（张宜霞，2012）。

3

银行业的基础理论

商业银行是经营风险的金融机构，其独特的行业特征决定了银行具有其内在的风险性与脆弱性。由于银行在金融体系中具有特殊的地位，且银行危机具有极大的负外部性。为了促使银行稳健经营，防范金融风险，维护金融系统的安全与稳定，银行业一直都受到各国政府严格的监管。本章在分析银行业特征的基础上，对银行在经营过程中面临的各类风险进行了介绍，进而对我国银行业内部控制以及资本充足率的相关法律法规进行梳理。

3.1 银行业的特征

银行是经营货币的特殊企业，在市场经济中发挥着独特的金融中介作用。与普通行业相比，银行业具有其自身独特的行业属性，主要包括高负债率的资本结构、资产负债期限不匹配、资产交易的非透明性和严格的行业监管等特征（潘敏，2013）。

3.1.1 高负债率的资本结构

尽管普通行业的企业也通过负债获取外部资金，但商业银行的负债率往往更高，其自身资本占总资产的比率远远低于其他行业，巴塞尔协议对银行自身资本的最低要求通常仅为8%。此外，在债务结构方面，与普通行业的企业相比，商业银行的负债主要由中小债权人的存款组成，负债分散化程度很高。高负债率的资本结构以及高分散化的债务结构，使银行股东与债权人之间容易发生利益冲突，从而产生严重的代理问题。

高负债率的资本结构导致股东与债权人之间的风险收益分摊高度不对称，股东有追求过度风险承担的激励，当面临财务困境时这种道德风险行为发生的可能性更大（Jensen and Meckling, 1976）。此外，由于负债结构过于分散，中小债权人存在“搭便车”的天然动机；再加上银行业存在显性与隐性存款保险制度，导致债权人对银行追逐过度风险承担行为进行监督的激励严重不足，进而导致银行股东追求高风险投资的动机更强烈（Merton, 1977；Keeley, 1990）。

3.1.2 资产负债期限不匹配

商业银行的存款一般是由众多中小债权人提供，其期限通常较短、流动性较强。然而，为了获取存贷利差，银行的资产则往往由期限更长、流动性较差的中长期贷款组成。资产负债期限错配可以使银行获取一定的存贷利差，但同时也可能导致流动性风险，进而引发银行挤兑现象。由于银行危机具有传染性，为了维护整个银行系统的安全与稳定，导入各种存款保险制度以及中央银行最后贷款等预防救助机制显得尤为必要。

3.1.3 资产交易的非透明性

贷款是目前我国商业银行的主要业务，与普通企业产品的市场化交易有所不同，银行贷款往往采用非市场化与非标准化的契约交易方式，即根据具体交易对手的信用状况来制定每一笔贷款的特定交易条件。这种非市场化与非标准化的交易方式，使得银行的贷款资产交易具有极大的非透明性，从而导致银行与外部股东以及债权人之间的信息不对称程度比一般企业更严重（Furfine, 2001）。银行资产交易的非透明性使得银行的外部股东以及债权人都很难获取到银行贷款资产交易的具体信息，因而都无法对银行股东及管理层的各种道德风险行为进行有效的监督，进而导致银行追逐过度的风险、侵害中小债权人利益等行为的发生。

3.1.4 严格的行业监管

商业银行在我国金融体系中具有特殊的地位，在促进我国经济发展、优化资源配置、维护金融系统的安全与稳定等方面都起着重要的作用。然而，高负债率的资本结构、资产负债期限不匹配、资产交易的非透明性等银行业特征导致银行系统具有其内在的脆弱性。此外，银行危机具有极大的负外部性，一旦银行发生危机，将给银行股东、债权人等利益相关者带来巨大的损失，甚至还可能引发区域金融危机，对整个国家经济造成极大的破坏。因此，为了防范金融风险，维护金融系统的安全与稳定，促使银行稳健经营，银行业一直都受到各国政府严格的监管。在银行的市场准入、风险治理结构、内部控制系统和资本充足率等方面监管部门都有严格的规定。

3.2 银行业的风险类型

商业银行是经营风险的金融机构，在经营过程中时常伴随着多种风险，主要包括信用风险、市场风险、操作风险、流动性风险、国家风险、声誉风险、法律风险和战略风险等。

3.2.1 信用风险

信用风险是指交易对手或债务人因未能履行契约规定的义务或者其信用质量变化而导致对应金融产品价值发生改变，从而给金融产品持有人或债权人造成经济损失的风险。一般而言，信用风险是指债务人因未能如期偿还债务而给债权人带来损失的风险，因而信用风险又称违约风险。然而，随着金融市场的不断发展以及人们对信用风险的认识不断深入，当交易对手或债务人的履约能力不足或信用质量下降时，市场上与此相关的金融产品的价格将随之下降，从而给交易对手带来实质性的损失。

从我国商业银行的实际情况来看，信用风险是我国商业银行的主要风险。信用风险在很大程度上由个体因素决定，具有典型的非系统性风险特征，通过分散化投资通常可以降低信用风险。相对于市场风险，信用风险可以获取到的观察数据较少，因而往往难以通过量化技术进行控制。

3.2.2 市场风险

市场风险是指由于金融资产与商品价格发生变化给银行带来损失的风险，主要包括利率风险、汇率风险、股票风险和商品风险。随着我国银行间的竞争日益激烈、金融“脱媒”现象加剧、互联网金融产品创新的冲击以及利率市场化改革的深化，商业银行的经营行为与方式发生了重大改变，商业银行所面临的市场风险变得日益突出且重要。市场风险的根源通常来自所属经济体，具有明显的系统性风险特征，因而通过分散投资并不能完全消除风险。相对于信用风险，市场风险的数据更易获取且易于计量，因而更适合通过构建量化模型来加以控制。

3.2.3 操作风险

操作风险是指由不完善或有问题的内部程序、员工、信息科技系统以及外部事件所造成损失的风险，通常可分为人员因素、内部流程、系统缺陷和外部事件四大类别，并由此可以分为内部欺诈，外部欺诈，就业制度，工作场所安全事件，客户、产品及业务活动事件，实物资产损坏，信息科技系统事件，流程、交割及流程管理事件等七种可能造成实质性损失的事件类型。

近年来，银行操作风险事件频发，对其进行管理和控制的难度不断加大。一般而言，信用风险主要存在于银行账户，市场风险主要存在于交易账户，但操作风险却广泛存在于商业银行业务与管理的各个领域，具有发生范围较广、表现形式多样、突发性较强和人为因素突出等特点。相对于信用风险和市场风险，操作风险并不能给商业银行带来盈利，却又不可避免，因而对其进行管理的最佳办法在于控制好合理的成本收益比率。

3.2.4 流动性风险

流动性风险是指商业银行无法以合理的成本及时获取充足的资金，用以偿付到期的债务、履行其他支付义务和满足正常业务开展的其他资金需求的风险。流动性风险包括资产流动性风险与负债流动性风险。资产流动性风险指的是银行资产到期后因不能足额收回，导致无法如期偿还到期的负债或满足其他合理的融资需要，从而给商业银行带来损失的风险；负债流动性风险指的是由于内外部因素发生变化，导致商业银行过去筹集的资金产生不规则的变化，从而给商业银行带来损失的风险。

相对于信用风险、市场风险和操作风险，流动性风险形成的原因更加复杂，涉及的范围更广，通常被视为一种多维风险。流动性风险是商业银行众多风险中最具破坏力的风险，几乎所有被摧毁的银行都源于流动性风险的爆发，因此流动性风险堪称商业银行风险中的“终结者”。

3.2.5 其他风险

除信用风险、市场风险、操作风险和流动性风险以外，商业银行还存在国家风险、声誉风险、法律风险和战略风险等。国家风险是指商业银行在与非本国居民进行国际经贸或金融往来的过程中，由于别国经济、政治和社会等方面的变化使得商业银行遭受损失的风险。声誉风险是指商业银行由于经营、管理及其他行为或外部事件导致利益相关方对商业银行进行负面评价的风险。法律风险是指商业银行因日常经营活动无法满足或违反法律规定，导致不能履行契约、发生争议、诉讼或其他法律纠纷而造成经济损失的风险。战略风险是指商业银行在追求短期商业目的与长期发展目标的过程中，因不恰当的发展规划和战略决策而给商业银行造成损失或不利影响的风险。此外，商业银行还存在交易对手信用风险、集中度风险和银行账户利率风险等其他风险。

3.3 银行业的内部控制

由于高负债率的资本结构、高分散化的债务结构以及资产债务期限错配等行业特征的影响，银行各经济主体之间存在着利益冲突，从而导致严重的代理问题。此外，资产交易的非透明性又使得银行与外部股东、债权人之间的信息不对称程度较一般企业更严重，导致银行股东与管理层实施各种道德风险行为的可能性大大提升。因此，国内学者潘敏（2013）认为受行业特征的影响，外部治理在银行治理过程中的作用十分有限，内部治理才是银行治理机制中的主要方式，而行业监管作为外部治理的替代机制在银行治理过程中发挥了重要作用。

其实，相对于2002年美国颁布的SOX法案以及我国财政部等五部委于2008年、2010年颁布的《企业内部控制基本规范》《企业内部控制配套指引》，银行业内部控制的规范与监管历史比非银行企业更久远。早在1991年，美国国会就已经颁布了联邦存款保险公司修正法案（FDICIA）。该法案要求银行基于风险进行存款保险，提高资本充足率并加强内部控制，其中资产超过5亿美元的银行高管层与外部审计师还必须对银行内部控制的有效性进行评价。

在我国，1997年5月，中国人民银行发布了第199号文件《加强金融机构内部控制的指导原则》，指出金融机构内部控制是金融机构的一种自律行为，是金融机构为了完成既定的工作目标和防范风险，对内部各职能部门及其工作人员从事的业务活动进行风险控制、制度管理和相互制约的方法、措施和程序的总称。金融机构内部控制的目标包括确保国家法律法规和中央银行监管规章的贯彻执行，确保将各种风险控制在规定的范围之内，确保自身发展战略和经营目标的全面实施，有利于查错防弊，堵塞漏洞，消除隐患，保证业务稳健运行。

2002年9月，中国人民银行又发布了第19号文件《商业银行内部控制指引》，指出商业银行内部控制是商业银行为了实现经营目标，通过制定和实施一系列制度、程序和方法，对风险进行事前防范、事中控制、事后监督和纠正的动态过程和机制。商业银行内部控制的目标主要包括：①确保国家法律规定和商业银行内部规章制度的贯彻执行；②确保商业银行发展战略和经营目标的全面实施和充分实现；③确保风险管理体系的有效性；④确保业务记录、财务信息和其他管理信息的及时、真实和完整。

2003年中国银监会成立以后，分别于2007年、2014年对《商业银行内部控制指引》进行了修订。在2007年起草的《商业银行内部控制指引（修订征求意见稿）》中，基本沿用了2002年《商业银行内部控制指引》中商业银行内部控制的定义与目标。在2014年修订后的《商业银行内部控制指引》中，指出了内部控制是商业银行董事会、监事会、高级管理层和全体员工参与的，通过制定和实施系统化的制度、流程和方法，实现控制目标的动态过程和机制。其目标主要包括：①保证国家有关法律法规及规章的贯彻执行；②保证商业银行发展战略和经营目标的实现；③保证商业银行风险管理的有效性；④保证商业银行业务记录、会计信息、财务信息和其他管理信息的真实、准确、完整和及时。

从以上我国商业银行内部控制的发展进程来看，我国商业银行内部控制始终强调“经营管理”与“风险管控”导向，除财务报告可靠性、法律法规的遵循性、经营效率与效果三大目标以外，还包括风险管控目标——确保风险管理系统的有效性。

然而，自2017年以来，我国银行系统大案陆续曝光，各地银监局处罚决定频发。据统计，仅2018年1月份，各地银监局就作出了100多件处罚决定。其中被处罚的机构不乏国有大行分行以及大型股份制银行分支机构，被处罚的事由涉及银行担保、票据、授信和贷款等业务的违规。这些银行业务违规案件，牵涉机构之多，涉案金额之大，所造成的经济影响与社会影响极其恶劣，为近几年之罕见，令人触目惊心。在广发银行违规担保案中，其惠州分行员工与侨兴集团人员内外勾结、私刻公章、违规担保，涉案金额约120亿元，其中银行业金融机构约100亿元，主要用于掩盖该行的巨额不良资产和经营损失。在浦发银行违规授信并发放贷款案中，其成都分行为了掩盖不良贷款，通过编造虚假用途、分拆授信和越权审批等手段，违规办理信贷、同业、理财、信用证和保理等业务，向1 493个空壳企业授信775亿元，并以此来换取相关企业出资承担成都分行发放的不良贷款。在邮储银行违规票据案中，其甘肃武威文昌路支行原行长以分行名义违规套取票据资金，涉案票据票面金额79亿元，非法套取挪用吉林蛟河农商行理财资金款30亿元。该支行的内部员工与外部不法分子相互勾结、私刻公章、伪造证件合同、违规办理同业理财和票据贴现业务、非法套取和挪用巨额资金。

广发银行违规担保、浦发银行违规发放贷款以及邮储银行票据违规等业务违规案件，充分暴露出了我国商业银行部分分支机构合规意识淡薄、内部控制严重失效等问题。广发银行出具了与事实不符的金融票证，之后也未尽职审查保理所涉贸易的真实性，其惠州分行轮岗和强制休假制度未落实、劳务派遣用工管理不到位等问题，严重违反了银行业内部控制的相关规定。浦发银行成都分行长期多次采用违规手段放款而未被发现，表明浦发银行内部控制系统严重失效。邮储银行甘肃武威文昌路支行的岗位分离制约机制失效，暴露出印章、合同、账户和营业场所管理混乱等内部控制缺失问题。

确保合法合规经营是银行内部控制的重要目标。在开展信贷、票据和担保等业务时，商业银行应按照内部控制的具体要求，职责分工明确，厘清相关业务的关键风险控制点，尽可能避免或降低业务风险。但长期以来，部分商业银行分支机构合规经营理念淡薄，在许多关键风险控制点上，仍然缺乏应有的风险控制措施。此外，在内部控制制度的执行过程中，银行内部监督机构应按照内部控制的基本规范及其配套办法，制定相关的监督机制，对内部控制的执行有效性进行有效监督。然而，在浦发银行违规贷款案件中，却暴露出浦发银行总行对其分行长期不良贷款为零、轮岗制度执行不力和忽视监管部门提示的风险等问题的严重失察。浦发银行内部监督机制并不能及时发现并纠正其违规行为，其监督职能严重失效问题亟待解决。

银行体系在我国国民经济中占据重要位置，一旦银行系统发生危机，将会对整个国民经济造成巨大的负面影响，甚至可能会引发系统性风险。因此，强化银行系统内部控制十分关键，这对于提升银行风险管控能力，促进银行稳健经营，防范金融风险，维护金融体系的安全与稳定等方面都具有重要的现实意义。

3.4 银行业的资本充足率

商业银行是经营货币信用业务的金融机构，其高负债率的资本结构以及资产负债期限错配等行业特征决定了银行具有其内在的风险性与脆弱性。银行危机具有极大的负外部性，一旦银行发生危机，将会给银行股东、债权人等利益相关者带来极大的损失，因此银行业一直受到各国政府严格的监管。为了促进商业银行稳健经营，国际《巴塞尔协议》规定了商业银行最低资本充足率，对商业银行资本与风险资产进行严格监管。1988年《巴塞尔协议》规定商业银行的资本充足率不得低于8%，但由于2008年金融危机的爆发，许多国家相继提出了高于8%的最低资本监管要求。

为了维护我国金融系统的安全稳定，中国银监会也于2009年提升了我国商业银行的资本充足率的最低标准。2009年12月，中国银监会副主席王兆星在《中国金融》上发表文章《中国金融体系安全稳定发展的若干问题》，并指出目前银监会对于中小银行的最低资本充足率要求为10%，而对于大型银行的最低资本充足率要求则为11%。2010年3月，中国银监会再次将大型银行的资本充足率的监管要求提升至11.5%。2012年6月，中国银监会发布了《商业银行资本管理办法（试行）》（以下简称《办法》），自2013年1月1日起施行。试行《办法》实施后，我国大型银行和中小银行的资本充足率的监管要求分别为11.5%和10.5%，商业银行应在2018年年底前全面达到《办法》规定的监管要求，同时鼓励有条件的银行提前达标。

实证研究

实证研究包括三个实证研究，分别为内部控制质量与银行风险承担、内部控制质量与银行资本充足率、内部控制质量与银行业绩—风险敏感性。实证研究首先从银行整体风险的视角研究内部控制对银行风险承担的影响，其次从银行某一专项业务风险决策的视角研究内部控制质量对资本充足率的影响，最后从银行风险资产的收益实现视角研究内部控制质量对银行业绩—风险敏感性的影响。

4

内部控制质量与银行风险承担

2008年全球金融危机爆发后，人们对金融危机爆发的原因进行了深刻的反思，银行的风险承担水平也成为实务界与学术界关注的焦点。良好的内部控制不但可以提升银行风险管理系统的有效性，而且能够有效降低银行与外部股东、债权人和监管部门等经济主体之间的信息不对称程度。本章通过实证研究来检验内部控制质量对银行风险承担的影响。

4.1 引言

2008年因美国次贷危机引发的全球金融危机爆发以后，银行风险承担成为了实务界与学术界关注的焦点。金融危机给美国银行业造成了巨额损失，人们对危机爆发的原因进行了深刻的反思。2009年美国国会专门成立了金融危机调查委员会对此次危机爆发的原因进行了调查，该委员会成员在调查后普遍认为金融机构过度的风险承担是引发危机的主要原因（Sun and Liu, 2014）。在学术界，众多学者的研究也表明，银行追求过度的风险承担是导致此次金融危机爆发的决定性因素（Dewatripont et al., 2015）。此外，薄弱的公司治理也被认为是金融危机爆发的原因之一（Kirkpatrick, 2009；Adams and Mehran, 2011）。因此，金融危机爆发以后，监管部门显著加大了对银行风险承担的监管力度。

银行是经营货币信用业务的金融机构，其经营过程具有内在的风险性。银行业高负债率的资本结构、资产负债期限错配等行业特征，导致银行股东有天然的追求过度风险承担的激励。银行股东、管理层、债权人以及监管部门等各经济主体之间存在着严重的利益冲突，从而导致了银行存在比一般公司更为严重的代理问题。同时，银行资产交易的非透明性又加剧了银行与外部股东、债权人之间的信息不对称程度，使得银行外部股东与债权人无法获取银行资产交易信息，从而难以对银行的过度风险承担行为进行有效监督。此外，银行业具有的高度分散的债务结构以及显性与隐性的存款保险制度，进一步削弱了中小债权人对银行风险承担行为的监督与激励。因此，在以经营风险为主的银行业中，银行股东具有强烈的追求过度风险承担的倾向。

由于银行业经营具有内在的风险性与脆弱性，为了促使银行稳健经营，国际《巴塞尔协议》规定了银行最低资本充足率，从而对银行资本与风险资产进行严格的监管。在《巴塞尔协议Ⅱ》中，市场约束与最低资本监管要求、银行监督一起成了新资本协议的“三大支柱”，旨在通过市场力量对银行的经营风险行为进行更有效的监督，进而促使银行稳健经营（Maechler and McDill, 2006）。然而，银行资产交易的非透明性、高度分散的债务结构以及存款保险制度的存在，严重限制了市场约束作用的发挥。因此，国内学者潘敏（2013）认为受银行业行业特征的影响，外部治理机制在银行治理过程中的作用十分有限，内部治理才是银行治理机制中的主要方式。

2002年美国《萨班斯—奥克斯利法案》（SOX法案）颁布以后，全球实务界与学术界对内部控制日益重视。我国财政部等五部委于2008年颁布了中国版SOX法案——《企业内部控制基本规范》，并于2010年颁布了《企业内部控制配套指引》，该指引要求上市公司对本公司的内部控制进行评价并披露内部控制自我评价报告，同时还要求审计师对内部控制出具审计意见。此后，国内外学者围绕内部控制的财务报告可靠性、合法合规性目标展开了大量的研究，发现内部控制在抑制盈余管理（Doyle et al., 2007；张龙平等，2010；范经华等，2013）、提高会计稳健性（Goh and Li, 2011）、增强盈余公告信息含量（董望和陈汉文，2011）、缓解信息不对称（Ashbaugh-Skaife et al., 2013）、降低代理成本（杨德明等，2009）、降低企业违规的可能性（单华军，2010；杨道广和陈汉文，2015）等方面发挥了重要作用。近年来，内部控制的研究视角开始转向企业经营效率与效果目标。一些文献发现高质量的内部控制有助于提高企业的投资与经营效率（Cheng et al., 2013；Goh and Kim, 2013；Feng et al., 2015；Cheng et al., 2017；李万福等，2011）、降低企业的经营风险与诉讼风险（高明华等，2013；毛新述和孟杰，2013），提升企业的并购整合能力与并购业绩（杨道广等，2014）等。然而，他们的研究都是只关注了非银行业企业，而对于内部控制在银行财务与经营决策中的作用还缺乏必要的探讨和深入的研究。

其实，银行业内部控制的规范与监管历史比非银行企业更久远。早在1991年，美国国会就已经颁布了《联邦存款保险公司修正法案》（FDICIA）。该法案要求银行基于风险进行存款保险，提高资本充足率并加强内部控制，其中资产超过5亿美元的银行高管层与外部审计师还必须对银行内部控制的有效性进行评价。在此背景下，一些学者就FDICIA内部控制监管对银行业财务报告质量以及风险承担的影响展开了实证研究。他们发现，FDICIA提升了银行财务报告的质量（Altamuro and Beatty, 2010）、降低了银行所面临的总风险、系统风险与特质风险（Akhigbe and Whyte, 2001）、降低了银行的风险承担水平（Jin et al., 2013）。

在我国，中国人民银行早在2002年就印发了《商业银行内部控制指引》。该指引不仅包括财务报告可靠性、合法合规性、经营效率与效果三大目标，还包括风险管理目标——确保风险管理系统的有效性。由于银行业经营风险较高且在金融系统中具有其特殊的地位，为了确保金融系统的安全与稳定，必须及时加强风险管理，建立健全商业银行的内部控制制度。但遗憾的是，目前国内文献却鲜有实证检验内部控制在银行业经营与风险管理过程中的作用。

基于此，本章以2007—2014年我国沪、深两市A股16家上市银行为样本，探讨内部控制对银行风险承担的影响。研究表明，高质量的内部控制可以有效降低银行风险承担。通过进一步研究发现，内部控制质量对银行风险承担的影响在国有产权、市场化程度更低、资本金水平更高以及特许权价值更低的银行中表现得更加明显。

本章的贡献主要表现在以下几个方面：第一，扩展了内部控制经济后果的相关研究。目前，国内尚无文献实证研究内部控制对我国银行业风险承担的影响，本章的研究为内部控制在银行风险管理过程中的作用与价值提供了经验和证据。第二，丰富了银行风险承担的相关研究。以往的研究大多只是围绕我国的宏观经济、货币政策等宏观因素展开，而本章则从银行内部治理的视角研究内部控制对银行风险承担的影响。第三，本章的研究还具有重要的现实意义。银行业是经营风险的行业，有效的风险管理是银行持续经营的关键，加强我国商业银行内部控制建设对提升银行风险管控的有效性以及维护我国金融系统的安全与稳定具有重要意义。对于银行而言，加强银行内部控制建设，可以提升银行风险管理系统的有效性，降低银行风险承担，促进银行稳健经营；对监管部门而言，通过加强内部控制监管可以促使银行提升风险管控能力，对于防范金融风险、维持金融体系的安全与稳定具有重要意义。

本章其他部分的安排如下：第二节为文献回顾与研究假设；第三节为研究设计；第四节为实证结果与分析；第五节为进一步分析与稳健性检验；最后是简要的结论。

4.2 文献回顾与研究假设

4.2.1 内部控制与风险承担

经历了20世纪80年代晚期的储贷危机以后，为了提升美国银行业的整体财务状况，美国国会于1991年颁布了《联邦存款保险公司修正法案》（FDICIA）。该法案要求银行基于风险进行存款保险，提高资本充足率并加强内部控制，特别要求资产超过5亿美元的银行的高管层与外部审计师必须对银行内部控制的有效性进行评价。FDICIA实施以后，银行的资本金水平普遍得到了提升。同时，基于风险的存款保险制度也激励银行降低了自身的风险承担水平。在学术界，学者们也实证检验了FDICIA对银行风险承担的影响。Akhigbe and Whyte（2001）研究了FDICIA对银行风险承担的影响，发现FDICIA显著降低了银行总风险、系统风险以及非系统风险，且该效应在资本金更低、规模更大以及信用风险更高的银行中表现得更加显著。Jin et al.（2013）采用银行净利息收入与利润的波动率以及Z值来衡量银行风险承担水平，通过美国1138家银行样本数据，研究了FDICIA内部控制监管对银行风险承担的影响，发现FDICIA内部控制监管显著降低了银行在金融危机前期的风险承担水平，并降低了银行在金融危机期间陷入财务困境的可能性。

2002年美国SOX法案颁布后，无论是理论界还是实务界都认为该法案降低了美国上市公司的风险承担水平。首先，SOX法案扩充了独立董事在公司治理结构中的角色并加大了其承担的责任，由于面临的诉讼风险显著提升，董事们在重大风险决策会上更加趋于谨慎。其次，SOX法案要求公司CEO与CFO对财务报告进行确认并承担财报误述责任，同时加重了相关的刑事责任与罚金，使得公司管理层会更加倾向于规避风险。最后，SOX 404条款要求公司管理层与外部审计师对公司财务报告内部控制进行评价与鉴证，从而加强内部控制，有助于降低企业的风险承担水平。关于SOX法案对企业风险承担的影响，学术界也进行了相关的实证检验。Litvak（2007）发现SOX法案显著降低了企业的风险承担水平。Wang et al.（2010）发现SOX法案促使CEO更倾向于规避风险。Bargeron et al.（2010）采用1994—2006年美国与非美国（英国、加拿大）的公司样本数据为例，检验了SOX法案对美国上市公司风险承担的影响，发现SOX法案实施后美国上市公司风险承担水平显著下降，具体表现为投资支出显著减少、现金持有显著增加以及股票收益波动显著下降。

4.2.2 研究假设

银行业是经营风险的行业，有效的风险管理是银行持续经营的关键。由于银行业在金融系统中具有其特殊的地位，且银行系统危机具有极大的负外部性，因此银行一直受到监管部门更为严格的监管。在我国银监会颁布的《商业银行内部控制指引》中，明确指出确保银行风险管理体系的有效性是内部控制的目标之一。然而，与普通行业相比，银行业具有其自身独特的行业特征，如高负债率的资本结构、资产负债期限结构错配、资产交易非透明度性以及严格的行业监管等（潘敏，2006）。其中，高负债率的资本结构会导致股东与债权人之间风险收益的分摊高度不对称，股东有追求过度风险承担的激励。由于银行业存在显性与隐性存款保险制度，股东追求高风险收益的动机更强烈（Merton, 1977；Keeley, 1990）。此外，资产交易的非透明性会导致银行与股东、债权人之间的信息不对称程度更加严重（Furfine, 2001）。由于银行外部股东与债权人无法获取银行资产交易信息，银行与监管部门的信息不对称程度也很高，因而银行股东、债权人以及监管部门都难以对银行的风险承担行为进行有效监督。那么，具体而言，内部控制是如何降低了银行风险承担呢?

确保风险管理体系的有效性，是我国商业银行内部控制的目标之一。通过权力制衡、分离控制以及一系列规范的业务流程与授权审批等决策程序，内部控制可以及时识别并系统分析银行在经营过程中所面临的风险，并据此确定合理的风险应对措施，将风险控制在可接受的范围之内。FDICIA试图通过加强内部控制监管并基于风险的存款保险制度促使银行主动降低其风险承担水平。Jin et al.（2013）研究了FDICIA内部控制监管对银行风险承担的影响，发现FDICIA内控监管降低了银行在金融危机前期的风险承担水平，并降低了金融危机期间银行陷入财务困境的可能性。

良好的内部控制有助于提升银行财务报告的质量，降低银行与外部股东、债权人以及监管之间的信息不对称程度，从而促进外部股东、债权人以及监管当局更加有效地监督银行的风险承担行为。大量研究表明，高质量的内部控制可以提升企业的信息质量（Ashbaugh-Skaife et al., 2008；刘启亮等, 2013），降低盈余管理水平（方红星和金玉娜，2011），提高会计信息的信息含量（董望和陈汉文，2011）。此外，内部控制质量更高的企业可以吸引声誉更高的审计师（Ettredge et al., 2008）、更多的机构投资者参与（邓德强等，2014）、更多的分析师跟踪（Clinton et al., 2014），从而扩充了获取信息的来源，有助于外部投资者进行更加有效的决策与监督。通过对银行业企业样本的研究，Altamuro and Beatty（2010）证实了内部控制有助于提高银行财务报告的质量。

他们发现FDICIA内部控制监管提升了银行贷款损失准备的有效性、盈余持续性和现金流预测的准确性，降低了银行盈余管理水平和会计稳健性。

基于以上分析，本章提出以下假设：

假设：在其他条件相同的情况下，内部控制质量越高，银行风险承担水平越低。

4.3 研究设计

4.3.1 样本选择与数据来源

本章选取了2007—2014年我国沪、深两市A股16家上市银行为研究样本，剔除了相关变量数据不全的观测值后，最终获得了121个银行年度观测值。本章所使用的内部控制质量数据来自厦门大学内部控制指数课题组根据内部控制“过程观”构建的“中国上市公司内部控制指数”，其他数据均来自银行年报及CSMAR数据库。

4.3.2 变量衡量

4.3.2.1 银行风险承担

关于银行风险承担变量，国内外的学者们采用了多种指标进行衡量，包括不良贷款率（Delis et al., 2011；González, 2005；方意等，2012；熊正德和李璨，2015；李成和刘生福，2015；刘忠璐，2016）、贷款损失准备占总贷款的比例（Barry et al., 2011；张雪兰和何德旭，2012；王耀青和金洪飞，2014）、预期违约概率（Altunbas et al., 2010；牛晓健和裘翔，2013）、风险加权资产占总资产的比例（Delis et al., 2011；De Nicolò et al., 2010；江曙霞和陈玉婵，2012；方意，2015）、*Z*值（Laeven and Levine, 2009；张雪兰和何德旭，2012；徐明东和陈学彬，2012；刘忠璐，2016）等有关指标。这些指标可以从不同角度衡量银行风险承担，比如Z值与预期违约概率主要反映了银行的破产风险；风险加权资产占总资产的比例能够反映出银行资产组合在各个时点上的风险水平，主要用来衡量银行在资产选择过程中承担的风险；而不良贷款率、贷款损失准备占总贷款的比例则主要反映银行的资产质量与信贷风险。

从我国商业银行的实际情况来看，贷款是商业银行的主要业务，信贷风险是其主要风险。因此，参照张雪兰等（2012）、王耀青等（2014）等国内学者的做法，本章主要采用贷款损失准备占总贷款的比例来衡量银行风险承担，同时采用不良贷款率进行稳健性检验。贷款损失准备占总贷款的比例与不良贷款率越高，表示银行风险承担水平越高。

4.3.2.2 内部控制质量

本章中的内部控制是指一整套规范并约束公司治理层、管理者以及全体员工行为的相互制衡、相互牵制的制度体系。因此，本章采用厦门大学内部控制指数课题组（2014）按照内部控制“过程观”构建的“中国上市公司内部控制指数”衡量内部控制质量。该指数主要根据《企业内部控制基本规范》及其配套指引，并结合上海证券交易所与深圳证券交易所各自发布的上市公司内部控制指引以及相关法律法规，同时借鉴国内外已有的与内部控制评价相关的研究文献，确定了内部环境、风险评估、控制活动、信息与沟通和内部监督5个一级评价指标，以及24个二级指标、33个三级指标和144个四级指标（Chen et al., 2016；池国华，2011；杨道广等，2014）。然后，通过层次分析法和变异系数法对指标进行权重赋值，最后加权得到综合的内部控制指数。内部控制指数分值越高，表示内部控制质量越好。

4.3.3 实证模型

本章的待检验模型为：

$$\text{Risk}=\beta_0+\beta_1\text{ICQ}+\beta_2\text{Size}+\beta_3\text{Lev}+\beta_4\text{Deposit}+\beta_5\text{Loan}+\beta_6\text{Tcap}+\beta_7\text{Cir}+\beta_8\text{MB}+\beta_9\text{Age}+\text{Year}+\varepsilon \quad (4-1)$$

式中：Risk代表银行风险承担，以贷款损失准备占总贷款的比例（LLP）表示；ICQ为主检验变量内部控制质量，以“中国上市公司内部控制指数”总得分的自然对数值表示。在控制变量方面，参考了Barry et al.（2011）、Bhagat et al.（2015）、Saghi-Zedek and Tarazi（2015）等人的研究，模型中主要控制了以下因素的影响。

4.3.3.1　银行规模（Size）

大型银行的分散投资能力更强，因而可以降低风险承担（Demsetz and Strahan, 1997）；然而，“大而不能倒”政策也可能促使大型银行提升自身的风险承担（Galloway et al., 1997）。

4.3.3.2　财务杠杆（Lev）

在负债经营的情况下，有限责任制使得股东与债权人之间风险收益分摊不对称，股东可能存在转移债权人财富的过度风险承担倾向（Jensen and Meckling, 1976）。由于银行业高负债率的资本结构，股东与债权人之间风险收益分摊的不对称程度更高，股东追求过度风险承担的可能性更大（潘敏，2013）。此外，由于银行业中存在显性与隐性存款保险制度，股东追求高风险收益的动机更强烈（Merton, 1977; Keeley, 1990）。

4.3.3.3　存款比率（Deposit）与贷款比率（Loan）

Iannotta et al.（2007）认为，存款比率越高，银行风险越大；而贷款比其他传统中介服务更加稳定，因而风险更低。

4.3.3.4　资本充足率（Tcap）

资本更雄厚的银行更加安全，风险承担更低（Keeley, 1990）；但为了提升股东的收益（Koehn and Santomero, 1980；Kim and Santomero, 1988），资本更雄厚的银行也可能会提升风险承担（Iannotta, 2006；Barry et al., 2011）。

4.3.3.5　成本收入比（Cir）

该指标往往用以衡量运营效率，许多学者认为成本收入比对银行风险有积极的影响（Athanasoglou et al., 2008；Shehzad et al., 2010；Barry et al., 2011）。

4.3.3.6 市值账面比（MB）

银行业普遍采用市值账面比衡量特许权价值（Demsetz et al., 1997；Goyal, 2005）。由于特许损失会产生巨额成本，因而特许价值可以促使银行的决策行为更加谨慎（Keely, 1990；Carletti and Hartmann, 2003）。

4.3.3.7 上市年限（Age）

该指标用以衡量公司经验。Bhagat et al.（2015）认为经验更丰富的银行更善于风险管控。此外，模型中还剔除了不同年度对实证结果的影响。模型主要关注β_1，若$\beta_1<0$，则表明内部控制质量越高，银行风险承担越低。变量定义具体如表4–1。

表4–1 变量定义

变量名	定义
LLP	贷款损失准备比率，等于贷款损失准备除以银行总贷款
ICQ	内部控制质量，等于内部控制指数总得分的自然对数值
Size	银行规模，等于总资产的自然对数值
Lev	财务杠杆，等于总负债除以总资产
Deposit	存款比率，等于总存款除以总资产
Loan	贷款比率，等于总贷款除以总资产
Tcap	资本充足率，等于银行年末的总资本充足率
Cir	成本收入比，等于业务及管理费用除以营业收入
MB	特许权价值，等于总资产的市值账面比
Age	上市年限，等于上市年数加1后的自然对数值
Year	年度哑变量

4.4 实证结果与分析

4.4.1 描述性统计

表4–2是变量的描述性统计。从表4–2中可知，贷款损失准备占总贷款的比

率均值为0.023，但最大值达到了0.045，最小值则只有0.007，表明不同银行的风险承担差异较大；内部控制指数的均值为4.296，标准差为0.130，最高值为4.456，最低值为3.852，表明银行整体的内部控制质量存在着较大的差异；其他控制变量方面，个体差异都较明显，说明该样本具有良好的区分度。

表4-2 变量的描述性统计

变量名	样本数	均值	标准差	最小值	1/4位	中位值	3/4位	最大值
LLP	121	0.023	0.006	0.007	0.021	0.023	0.026	0.045
ICQ	121	4.296	0.130	3.852	4.255	4.338	4.382	4.456
Size	121	28.380	1.331	25.050	27.590	28.410	29.290	30.660
Lev	121	0.939	0.015	0.869	0.934	0.940	0.946	0.978
Deposit	121	0.715	0.078	0.515	0.665	0.721	0.774	0.860
Loan	121	0.500	0.066	0.305	0.469	0.502	0.547	0.629
Tcap	121	0.125	0.029	0.058	0.109	0.120	0.133	0.307
Cir	121	0.336	0.052	0.231	0.299	0.330	0.367	0.463
MB	121	1.057	0.096	0.977	1.005	1.023	1.059	1.620
Age	121	1.919	0.621	0.693	1.609	1.946	2.303	3.219

4.4.2 相关性分析

表4-3是变量的相关性分析。从表4-3中可知，银行风险承担与银行规模、存款比率呈显著正相关的关系，与贷款比率、成本收入比、上市年限呈显著负相关的关系。此外，由于部分控制变量之间的相关系数较显著，为了避免多重共线性的影响，本章进行了方差膨胀因子（VIF）检验，随后发现各控制变量以及模型总体的VIF值均小于10，表明并不存在严重的多重共线性问题。

4.4.3 多元回归分析

在控制其他变量的基础上，为了控制异方差问题，本章采用稳健标准误进行多元回归分析，回归结果如表4-4所示。

表4-3　变量的相关性分析

变量名	LLP	ICQ	Size	Lev	Deposit	Loan	Tcap	Cir	MB	Age
LLP	1.000	—	—	—	—	—	—	—	—	—
ICQ	0.013	1.000	—	—	—	—	—	—	—	—
Size	0.391***	0.517***	1.000	—	—	—	—	—	—	—
Lev	-0.062	0.044	0.132	1.000	—	—	—	—	—	—
Deposit	0.213***	-0.059	0.381***	0.025	1.000	—	—	—	—	—
Loan	-0.238***	-0.057	0.295***	0.219***	0.670***	1.000	—	—	—	—
Tcap	0.098	-0.247***	-0.275***	-0.855***	-0.053	-0.318***	1.000	—	—	—
Cir	-0.201***	-0.295***	-0.224***	0.440***	0.214***	0.390***	-0.366***	1.000	—	—
MB	-0.121	-0.657***	-0.390***	-0.233***	0.184***	0.089	0.331***	0.216***	1.000	—
Age	-0.202***	0.474***	0.120	0.372***	-0.160***	0.163***	-0.490***	0.112	-0.469***	1.000

注：***表示在10%的水平内显著。

表4-4 内部控制对银行风险承担的影响

变量名	(1) LLP 贷款损失准备
ICQ	-0.016***
	(0.007)
Size	0.002***
	(0.003)
Lev	0.032
	(0.633)
Deposit	0.056***
	(0.000)
Loan	-0.068***
	(0.000)
Tcap	0.016
	(0.630)
Cir	0.015
	(0.235)
MB	-0.032**
	(0.017)
Age	-0.001
	(0.168)
年度	控制
常数项	0.046
	(0.594)
Adjusted R^2	0.575
N	121

注：***、**和*分别表示1%、5%和10%的显著水平。括号中为双尾检验的P值。

从表4-4中可知，加入其他控制变量以后，内部控制质量与银行风险承担呈显著负相关的关系，证实了本章的研究假设。同时，表明通过提升银行风险管控的有效性以及降低信息不对称程度，高质量的内部控制能够有效降低银行的风险承担水平。在控制变量方面，存款比率与银行风险承担呈显著正相关的关系，贷款比率与银行风险承担呈显著负相关的关系，与Iannotta et al.（2007）的研究发现一致；银行规模与风险承担呈显著正相关的关系，市值账面比与银行风险承担呈显著负相关的关系，与Bhagat et al.（2015）的研究发现一致。

4.5 进一步分析与稳健性检验

银行风险承担会受到自身属性及各种外部因素的影响，因而内部控制质量对银行风险承担的影响也可能因银行属性及其所面临的外部环境而异。具体而言，银行的产权性质、资本金水平、特许权价值以及所处地区的市场化程度等因素都可能会影响内部控制对银行风险承担的抑制作用。

4.5.1 产权性质的影响

不同产权性质的银行，其风险承担意愿与水平也有所不同。相对于民营银行，国有银行承担着更多的政治与社会稳定目标，面临更多的政府干预，国有银行的运营效率更低下（熊正德和李璨，2015）。此外，国有银行的代理问题更加严重，留给内部控制改进的空间更大，因而内部控制对国有银行风险承担的影响可能更加显著。本章采用第一大股东属性衡量银行产权性质，检验内部控制对不同产权性质的银行风险承担的影响。表4–5的回归结果表明，高质量的内部控制能够显著降低国有银行的风险承担。

表4–5 产权性质的影响

变量名	（1）	（2）
	LLP	LLP
	国有控股	民营控股
ICQ	–0.016**	0.008
	（0.023）	（0.424）

续表

变量名	(1)	(2)
	LLP	LLP
	国有控股	民营控股
Size	0.002***	0.002
	(0.001)	(0.176)
Lev	0.069	-0.113
	(0.525)	(0.172)
Deposit	0.051***	0.017
	(0.000)	(0.230)
Loan	-0.070***	-0.038**
	(0.000)	(0.031)
Tcap	0.014	-0.059
	(0.817)	(0.153)
Cir	0.057***	-0.039*
	(0.001)	(0.069)
MB	-0.016	-0.020
	(0.587)	(0.259)
Age	-0.000	-0.002
	(0.825)	(0.484)
年度	控制	控制
常数项	-0.047	0.098
	(0.727)	(0.355)
Adjusted R^2	0.696	0.530
N	73	48

注：***、**和*分别表示1%、5%和10%的显著水平。括号中为双尾检验的P值。

4.5.2 资本充足率与市场化程度的影响

银行具有独特的行业特征，其中资本结构上的高负债率以及资产交易的非透明性，使得银行系统具有其内在的脆弱性（潘敏，2013）。由于银行在金融系统中具有其特殊的地位与作用，再加上银行系统危机具有极大的负外部性，因而银行业一直都受到严格的监管。为了确保银行业稳健经营，国际《巴塞尔协议Ⅰ》对银行最低资本充足率进行了规定，以此来加强对银行资本及风险资产的监管。在国际《巴塞尔协议Ⅱ》中，市场约束与资本充足率、银行监管一起成为巴塞尔新资本协议的“三大支柱”，旨在通过市场力量加强银行监督，从而约束银行追求过度的风险承担。相关的实证研究也发现，资本充足率与市场约束会影响银行的风险承担水平。金鹏辉等（2014）通过对我国银行业样本进行研究，发现资本金水平的提升会激励银行承担更多的风险，而最低资本金监管要求的提高有助于抑制银行承担过度的风险。Barry et al.（2011）发现市场约束可以调节上市银行的风险承担行为。市场约束的缺失可能会导致银行承担过度的风险，这在许多文献中已经得到了证实（Demirguc–Kunt and Detragiache, 2002；Demirguc–Kunt and Kane, 2002；Barth et al., 2004）。

因此，当银行资本金水平较低、所处区域市场约束较强时，内部控制对银行风险承担的影响可能会被弱化。换言之，当银行资本充足率较高、所处区域市场约束较弱时，内部控制能起到替代的约束作用，降低银行的风险承担水平。这里采用了樊纲等（2011）编制的中国各省区市场化指数衡量银行所处区域的市场约束程度，市场化指数越高代表市场约束越强。将市场化进程总得分的中位值与银行资本充足率的中位值进行分组，根据资本充足率的高低以及市场约束的强弱，检验内部控制对银行风险承担的影响。表4–6中的回归结果表明，当资本金水平更高、市场化程度更低时，高质量的内部控制则能够更显著地降低银行风险承担。

表4-6　资本充足率与市场化程度的影响

变量名	(1)	(2)	(3)	(4)
	LLP	LLP	LLP	LLP
	资本金水平高	资本金水平低	市场化程度高	市场化程度低
ICQ	-0.019***	-0.012	-0.001	-0.022***
	(0.001)	(0.261)	(0.927)	(0.010)
Size	0.002**	0.003***	0.002**	0.001**
	(0.015)	(0.001)	(0.020)	(0.050)
Lev	-0.063	0.180**	-0.009	-0.129
	(0.165)	(0.041)	(0.920)	(0.103)
Deposit	0.047**	0.062***	0.036	0.062***
	(0.011)	(0.000)	(0.143)	(0.000)
Loan	-0.075***	-0.057***	-0.058***	-0.109***
	(0.000)	(0.000)	(0.000)	(0.000)
Tcap	—	—	-0.018	0.013
	—	—	(0.666)	(0.749)
Cir	0.013	0.012	-0.002	0.069***
	(0.573)	(0.487)	(0.906)	(0.000)
MB	-0.049***	0.013	-0.042***	-0.033
	(0.000)	(0.384)	(0.001)	(0.142)
Age	-0.002	-0.002*	-0.003*	-0.002
	(0.493)	(0.076)	(0.067)	(0.225)
年度	控制	控制	控制	控制
常数项	0.170***	-0.207**	0.058	0.228**
	(0.002)	(0.044)	(0.530)	(0.026)
Adjusted R^2	0.563	0.598	0.511	0.759
N	61	60	61	60

注：***、**和*分别表示1%、5%和10%的显著水平。括号中为双尾检验的P值。

4.5.3 特许权价值的影响

在银行业中，通常采用市值账面比来衡量银行特许权价值（Demsetz et al., 1997; Goyal, 2005）。由于特许损失会产生巨额成本，特许权价值可以促使银行的决策行为更加谨慎，因而特许权价值更高的银行承担过度风险的激励更小（Keely, 1990; Carletti and Hartmann, 2003）。Demsetz et al.（1997）、Galloway et al.（1997）研究发现特许权价值与银行风险承担呈显著负相关的关系，特许权价值较低的银行风险承担更高。因此，当银行的特许权价值较高时，内部控制对银行风险承担的抑制作用可能会被弱化。换言之，当银行特许权价值较低时，内部控制能起到替代的激励作用，激励银行降低其风险承担水平。按照银行特许权价值的中位值将数据进行分组，从而检验内部控制对银行风险承担的影响。表4–7中的回归结果表明，当银行特许权价值更低时，高质量的内部控制则会显著降低银行的风险承担。

表4–7 特许权价值的影响

变量名	（1）	（2）
	LLP	LLP
	特许权价值高	特许权价值低
ICQ	–0.012	–0.033***
	（0.190）	（0.003）
Size	0.002***	0.002**
	（0.001）	（0.021）
Lev	–0.011	0.169**
	（0.897）	（0.030）
Deposit	0.033**	0.064***
	（0.020）	（0.000）
Loan	–0.059***	–0.073***
	（0.000）	（0.000）
Tcap	0.005	0.049
	（0.915）	（0.312）

续表

变量名	(1)	(2)
	LLP	LLP
	特许权价值高	特许权价值低
Cir	-0.005	0.016
	(0.800)	(0.270)
Age	0.001	-0.003*
	(0.393)	(0.054)
年度	控制	控制
常数项	0.022	-0.062
	(0.835)	(0.504)
Adjusted R^2	0.469	0.664
N	61	60

注：***、**和*分别表示1%、5%和10%的显著水平。括号中为双尾检验的P值。

4.5.4 稳健性检验

为了确保研究结论的可靠性，本章进行了以下稳健性检验。①采用不良贷款率衡量银行风险承担，再次进行回归检验，从表4-8中第一列的回归结果来看，内部控制质量与银行风险承担仍然呈显著负相关；②根据内部控制指数中位值设置内部控制哑变量（中位值以上为1，表示内部控制质量较好；中位值以下为0，表示内部控制质量较差）；③再次进行检验，表4-8中第二列的回归结果与前文基本一致；④为了克服遗漏变量所导致的内生性问题，本章通过面板数据固定效应模型对研究假设进行了再次检验，表4-8中第三列的回归结果与前文基本一致；⑤为了更进一步检验内生性的影响，借鉴Faccio et al.（2011）、杨道广和陈汉文（2013）等人的研究，采用内部控制年度均值（MICQ）为工具变量，并进行两阶段OLS回归检验，从表4-9中的回归结果显示，内部控制质量与银行风险承担仍然呈显著负相关。综合以上的稳健性检验结果，表明本章的研究结论是比较可靠的。

表4-8 稳健性检验结果

变量名	（1）	（2）	（3）
	NPL	LLP	LLP
	不良贷款率	内控哑变量	固定效应
ICQ	–0.014**	–0.002**	–0.015***
	（0.041）	（0.043）	（0.003）
Size	0.001	0.001**	–0.003
	（0.132）	（0.020）	（0.354）
Lev	–0.188*	0.076	–0.083
	（0.052）	（0.233）	（0.316）
Deposit	0.032***	0.055***	0.018*
	（0.006）	（0.000）	（0.065）
Loan	–0.041***	–0.065***	–0.073***
	（0.000）	（0.000）	（0.001）
Tcap	–0.088	0.031	–0.036
	（0.213）	（0.354）	（0.342）
Cir	0.004	0.016	–0.005
	（0.819）	（0.213）	（0.710）
MB	–0.052***	–0.025**	0.000
	（0.000）	（0.033）	（0.957）
Age	0.001	–0.002*	0.006
	（0.572）	（0.097）	（0.118）
年度	控制	控制	控制
常数项	0.300**	–0.064	0.264*
	（0.045）	（0.398）	（0.062）
Adjusted R^2	0.551	0.559	0.387
N	121	121	121

注：***、**和*分别表示1%、5%和10%的显著水平。括号中为双尾检验的P值。

表4-9 两阶段回归结果

变量名	（1）	（2）
	ICQ	LLP
	第一阶段	第二阶段
ICQ	—	-0.022**
	—	(0.025)
Size	0.022***	0.003***
	(0.004)	(0.000)
Lev	-1.683*	-0.032
	(0.093)	(0.608)
Deposit	0.215	0.042***
	(0.101)	(0.000)
Loan	-0.254*	-0.075***
	(0.085)	(0.000)
Tcap	-0.701	-0.004
	(0.192)	(0.900)
Cir	-0.132	0.007
	(0.486)	(0.594)
MB	-0.068	-0.014
	(0.699)	(0.106)
Age	0.044***	0.001
	(0.003)	(0.456)
MICQ	0.690***	—
	(0.000)	—
常数项	2.375*	0.091
	(0.062)	(0.356)
Adjusted R^2	0.739	0.533
N	121	121

注：***、**和*分别表示1%、5%和10%的显著水平。括号中为双尾检验的P值。

4.6 本章小结

目前，国内的内部控制研究文献均较为关注非金融业企业，对内部控制在银行业企业的财务与经营决策中的作用缺乏必要的实证检验。为此，本章以2007—2014年我国沪、深两市A股16家上市银行为研究样本，首次尝试探究内部控制质量对银行风险承担的影响。研究表明，银行内部控制质量越好，其风险承担水平越低。通过进一步研究发现，内部控制质量对银行风险承担的抑制作用在国有控股、市场化程度更低、资本金水平更高以及特许权价值更低的银行中表现得更加明显。

除理论贡献外，本章的研究还具有重要的现实启示及意义。加强银行系统内部控制建设对促进银行稳健经营、防范银行系统风险与维持金融系统安全与稳定都具有重要意义。从银行的角度来看，通过加强内部控制建设提升银行风险管理系统的有效性，可以降低银行风险承担水平，促进银行稳健经营；从银行监管机构的角度来看，当银行资本充足率较高或所处区域市场化程度较低时，国际巴塞尔协议中最低资本金监管要求以及市场约束难以有效限制银行的风险承担水平，此时加强银行内部控制可以起到替代的约束作用；此外，银行在金融体系中起着重要作用，通过加强内部控制监管可以促使银行提升其风险管控能力，对于防范金融风险、维持金融体系安全与稳定具有重要意义。

5

内部控制质量与银行资本充足率

资本充足率的确定与维持水平是银行的一项重要的风险决策。资本充足率过低容易引发较高的监管风险和经营风险，资本充足率过高则可能会增加银行的机会成本和发展风险。上一章的实证结果表明，高质量的内部控制可以有效降低银行的整体风险水平。在此基础上，本章进一步分析内部控制对银行具体专项风险——资本充足率的影响，从而检验内部控制是否能够有效提升银行的风险决策质量以及经营效率与效果。

5.1 引言

银行在国民经济中占据着重要位置，在促进资金融通、优化资本配置和经济效率提升等方面起着重要的金融中介作用。但其高负债率的资本结构、资产负债期限错配以及资产交易非透明性等行业特征决定了银行具有其内在的风险性与脆弱性。一旦银行系统发生危机，不仅会给银行股东、债权人等利益相关者带来极大的损失，还会对整个国民经济造成巨大的负面影响。因此，世界各国对银行业一直实施着严格的监管。其中一项重要的举措就是规定银行的最低资本充足率，用以促进银行稳健经营。1988年的《巴塞尔协议》规定，商业银行的资本充足率不得低于8%。随后由于2008年金融危机的爆发，许多国家相继提出了高于8%的最低资本金监管要求。例如，为了维护金融系统的安全稳定，我国银监会于2009年12月将中小型和大型银行的最低资本充足率要求从原来的8%分别提升至10%和11%；2010年3月，中国银监会又将大型银行的资本充足率监管要求提升至11.5%；2013年1月，在中国银监会制定的《商业银行资本管理办法（试行）》中，将中小型银行的资本充足率监管要求再次提升至10.5%。

对资本充足率的最低监管要求一方面可以通过降低风险敞口而起到事前抑制风险的作用，另一方面充足的保留资本可以用于事后的风险应对。就此角度而言，更高的资本充足率对于银行是有益的。因此，不难理解：银行在遵守最低资本监管标准以避免受到银行监管当局惩罚的同时，通常还会保留一定的资本进行缓冲，即高于最低监管标准的资本金。但资本充足率也绝非是越高越好，因为更高的资本金储备也意味着更大的机会成本。它可能会导致银行错失有价值的投资机会，进而对经营效益和整体价值产生负面影响。因此，资本充足率的确定与维持水平是影响银行发展与价值的一项重要风险决策——资本充足率过低容易引发较高的监管风险和经营风险，资本充足率过高则可能会增加银行的机会成本和发展风险。

那么，如何确定合理的资本充足率呢？已有的文献中鲜有直接检验。但究其风险的属性而言，部分研究可以为资本充足率影响因素的探讨提供一些启示与借鉴。1991年，美国国会颁布了《联邦存款保险公司修正法案》（FDICIA）。一些美国学者就FDICIA内部控制监管对银行财务报告质量以及风险承担的影响进行了实证研究。他们的研究表明，FDICIA显著提升了银行财务报告质量（Altamuro and Beatty, 2010）、降低了银行所面临的总风险、系统风险与特质风险（Akhigbe and Whyte, 2001）、降低了银行的风险承担水平（Jin et al., 2013）。但这些研究均只强调了风险的成本面，反而忽略了风险中隐含的机会。科学的风险决策应该是风险与收益之间的权衡，而非仅限于某一面。在我国，中国人民银行早在2002年就印发了《商业银行内部控制指引》。该指引明确指出，内部控制的目标不仅包括财务报告可靠性、合法合规、经营效率与效果，还包括风险管控——确保风险管理系统的有效性。但遗憾的是，目前国内鲜有文献对此进行实证检验。更多的研究只是沿袭美国会计领域“内部控制——会计信息——信息不对称或代理冲突及其衍生后果”的研究范式（杨道广，2016），而对内部控制在企业具体经营与管理决策中的作用关注甚少（如具体的风险管理决策——资本充足率的确定）。殊不知，由于出台背景的不同，中美两国的内部控制目标导向是存在差异的：美国企业内部控制的强监管源于安然、世通等一系列会计舞弊丑闻后颁布的《萨班斯—奥克斯利法案》

（SOX法案），因此内部控制被限定在了一个狭小的范围——财务报告内部控制；而我国内部控制的权威性监管源于企业（特别是国有企业）海内外经营的失败，因此内部控制是以经营管理为导向的（杨道广，2016）。就此而言，我国的企业内部控制更能与企业的经营与管理活动直接相关。即使部分文献对此略有涉及（如李万福等，2011；杨道广等，2014），但也将银行业企业从样本中剔除了。

基于此，本章以2007—2014年我国沪、深两市A股16家上市银行为研究样本，探讨内部控制对银行资本充足率的影响。研究结果表明，高质量的内部控制可以有效降低银行资本充足率，且该效应在民营控股银行以及所在地区市场化程度较低的银行中表现得更显著。更进一步区分资本充足率的相对水平后，发现该结果主要存在于资本充足率高于监管底线的样本，且高质量的内部控制有助于降低资本充足率超出监管底线的幅度。

本章的创新与贡献主要表现在以下三个方面：第一，扩展了内部控制经济后果的相关研究。国内目前鲜有文献实证检验内部控制在银行业经营与管理过程中的作用，本章首次实证探究内部控制对我国商业银行资本充足率的影响，为内部控制在银行风险管理过程中的作用与价值提供了经验和证据。第二，丰富了银行资本充足率的相关研究。国内已有的文献主要是研究我国商业银行的财务特征对资本充足率的影响，而本章则从银行内部治理的视角探究内部控制对资本充足率的影响。第三，本章的研究还具有重要的现实意义。对银行而言，加强银行的内部控制建设可以提升风险管控能力、提高投资效率；对监管当局而言，应通过优化内部控制监管促使银行提高风险管控质量，以维持金融体系的安全稳定、促进我国金融系统整体效率的提升、提高我国经济运行效率与经济资源配置的有效性。

本章其他部分的安排如下：第二节为文献回顾与研究假设；第三节为研究设计；第四节为实证结果与分析；第五节为进一步分析与稳健性检验；最后是简要的结论。

5.2 文献回顾与研究假设

5.2.1 内部控制与风险管控

风险管控是内部控制的重要职能。在我国，高明华等（2010）以我国2010年A股上市公司为样本，研究了内部控制对企业经营风险的影响，发现高质量的内部控制可以有效降低企业的经营风险；而且随着经营风险的增加，内部控制对经营风险的抑制作用更加显著。毛新述和孟杰（2013）以2008—2010年我国沪市的上市公司为样本，研究了内部控制对诉讼风险（涉诉次数与涉诉金额）的影响，发现内部控制质量与诉讼风险呈显著负相关，内部控制越有效，公司诉讼风险越小。杨道广和陈汉文（2013）以我国2009—2011年上市公司为样本，发现内部控制质量更高的公司的特质风险与系统风险更低，因而公司股票的流动性更强。方红星和陈作华（2015）研究了内部控制对公司系统风险与特质风险的影响，发现高质量的内部控制有助于降低公司的系统风险与特质风险。叶康涛等（2015）研究了内部控制对股价崩盘风险的影响，发现公司内部控制信息披露水平与公司股价崩盘风险呈负相关关系，且该关系在信息不对称程度更高、盈利水平更差的公司中更加显著。

在银行业，关于内部控制的实证研究主要是围绕FDICIA展开的。Akhigbe and Whyte（2001）研究了FDICIA对银行风险承担的影响，发现FDICIA显著降低了银行总风险、系统风险和非系统风险，且该效应在资本金更低、规模更大以及信用风险更高的银行中表现得更显著。Jin et al.（2013）采用银行净利息收入与利润的波动率以及Z值来衡量银行风险，通过美国1 138家银行样本数据为例，研究了FDICIA内部控制监管对银行风险承担的影响，发现FDICIA内部控制监管显著降低了银行在金融危机前期的风险承担水平，并降低了银行在金融危机期间陷入财务困境的可能性。

5.2.2　内部控制与企业经营效率及效果

近年来，国内外学者对内部控制提升企业经营效率与效果进行了大量的实证检验。国外有学者研究了内部控制有效性对企业经营效率的影响，并且发现内部控制有效的公司经营效率与投资效率显著更高（Cheng et al.，2013；Goh and Kim，2013；Cheng et al.，2017）。通过研究存货内部控制缺陷与存货周转率的关系，Feng et al.（2015）发现存货内部控制缺陷会导致公司存货周转率更低，发生存货减值损失的可能性更大且损失数额更高。国内学者则发现良好的内部控制不仅可以抑制企业的过度投资与投资不足行为（李万福等，2010；李万福等，2011），而且可以提升企业并购整合能力以及并购业绩（杨道广等，2014）。通过我国银行业样本，章添香和张春梅（2015）实证检验了我国内部控制实施对商业银行经营效率的影响，发现内部控制的实施有助于提升银行的经营效率。

5.2.3　研究假设

银行业是经营风险的行业，有效的风险管理是银行持续经营的关键。由于银行业经营具有其内在的风险性与脆弱性，为了促使银行稳健经营，国际巴塞尔协议对银行最低资本充足率进行了规定，同时对银行资本与风险资产进行严格监管。资本充足率的确定与维持水平是银行一项重要的风险决策。过低的资本充足率不仅会直接引发来自监管当局的处罚风险，还会增大银行的经营风险。一方面，宽松的资本充足率要求可能会导致银行粗放投资、重规模轻质量，事前的风险敞口随之增大；另一方面，过低的资本储备不利于危机发生时银行的应对能力与工作效率。因此，在实务中，银行为了避免资本充足率低于最低监管标准，通常会保留一定的缓冲资本，即高于最低监管的资本金。就该角度而言，过低的资本充足率意味着未来的下行风险，即损失成本。此时通过调整银行风险资产配置防止银行风险资产的过度投资，进而提升资本充足率是有必要的。

在这种情况下，内部控制将如何影响银行的资本充足率呢？在我国银监会颁布的《商业银行内部控制指引》中，明确指出确保银行风险管理体系的有效性是内部控制的目标之一。通过一整套权力制衡、分离控制程序以及规范的业务流程与授权审批等决策体系，内部控制可以及时识别并系统分析银行在经营过程中所面临的风险，并确定合理的风险应对措施，将风险控制在可接受的范围之内。首先，作为整个内部控制系统的“基石”，良好的内部环境通过经营理念的确定和公司文化的梳理、治理结构与机制的规范与完善有助于抑制银行的过度风险投资行为。如李万福等（2010）和Cheng et al. (2013)分别以中美两国企业为样本，实证发现高质量的内部控制能通过缓解代理冲突而抑制企业的过度投资行为，从而避免企业陷入财务危机。其次，作为整个内部控制系统的主干，有效的风险评估能及时全面地识别、评估及应对风险，控制活动和内部监督则服务于全过程的管理、控制与监督，因而能抑制银行维持较低的资本充足率。如Jin et al.（2013）研究了FDICIA内部控制监管对银行风险承担的影响，发现FDICIA内部控制监管降低了银行在金融危机前期的风险承担水平，并且降低了金融危机期间银行陷入财务困境的可能性。此外，作为贯穿于内部控制全过程、全环节的要素，充分有效的信息与沟通有助于对风险的识别、评估、应对以及具体的执行（Gallemore and Labro, 2015）。据此，本章提出以下假设：

假设1a：在其他条件相同的情况下，内部控制质量与银行资本充足率呈正相关。

然而，维持较高的资本充足率并非是无成本的。高额的资本留存意味着较高的资本成本，特别是在外部投资收益可观时尤甚。因此，就此角度而言，过高的资本充足率不利于银行把握市场机会、提高资本利用效率，进而会对银行的短期业绩和长期发展造成负面影响。在这种情况下，适当加大风险资产的投资比例以降低整体的资本充足率是合适的。高质量的内部控制将从以下几个方面帮助企业实现该目标。首先，在良好的内部环境中，风险偏好、风险容忍度的确定是一个全面、动态的权衡过程，不会为了满足监管要求而一味地提高资本充足率。已有大量的研究发现，良好的内部控制通过影响对高管的监督与激励可以有效抑制投资不足行为（如李万福等，2011；Cheng et al.，2013）。其次，有效的风险评估在识别出高资本充足率所产生收益的同时也会意识到其隐藏的成本，并进行综合评估，进而采取相应的对策。最后，良好的内部控制可以提升银行的信息质量（Altamuro and Beatty, 2010），为银行风险决策提供信息基础，进而提升银行风险投资效率。据此，本章提出以下假设：

假设1b：在其他条件相同的情况下，内部控制质量与银行资本充足率呈负相关。

5.3 研究设计

5.3.1 样本选择与数据来源

本章选取了2007—2014年我国沪、深两市A股16家上市银行为研究样本，剔除了相关变量数据不全的观测值后，最终获得了121个银行年度观测值。本章所使用的内部控制质量数据来自厦门大学内部控制指数课题组根据内部控制的“过程观”构建的“中国上市公司内部控制指数”，其他数据均来自银行年报与CSMAR数据库。

5.3.2 变量衡量

5.3.2.1 银行资本充足率

本章采用银行资本总额除以风险加权资产的比率来衡量银行资本充足率，具体计算方法为（总资本-对应资本扣减项）/风险加权资产。

5.3.2.2 内部控制质量

本章采用厦门大学内部控制指数课题组（2014）按照内部控制“过程观”构建的“中国上市公司内部控制指数”来衡量内部控制质量，内部控制指数分值越高，表示内部控制质量越好。

5.3.3 实证模型

本章的待检验模型为：

$$TCAP=\beta_0+\beta_1ICQ+\beta_2Size+\beta_3Lev+\beta_4Deposit+\beta_5Loan+\beta_6Roe+\beta_7Npl+\beta_8Cir+\beta_9MB+Year+\varepsilon \quad (5-1)$$

式中：TCAP代表银行资本充足率，以银行资本总额除以风险加权资产的比率表示；ICQ为主检验变量内部控制质量，以“中国上市公司内部控制指数”总得分的自然对数值表示。在控制变量方面，参考Jokipii and Milne（2008）、Distinguin et al.（2013）、Mili et al.（2016）等人的研究，模型中控制了银行规模（Size）、资产负债率（Lev）、存款比率（Deposit）、贷款比率（Loan）、净资产收益率（Roe）、不良贷款率（Npl）、成本收入比（Cir）、特许权价值（MB）以及年度（Year）的影响。模型主要关注β_1，β_1大于0表示内部控制质量越高，银行资本充足率越高；β_1小于0表示内部控制质量越高，银行资本充足率越低。变量定义具体如表5-1。

表5-1 变量定义

变量名	定义
TCAP	资本充足率，等于银行资本总额除以风险加权资产
ICQ	内部控制质量，等于内部控制指数总得分的自然对数值
Size	银行规模，等于总资产的自然对数值
Lev	资产负债率，等于总负债除以总资产
Deposit	存款比率，等于总存款除以总资产
Loan	贷款比率，等于总贷款除以总资产
Roe	净资产收益率，等于净利润除以净资产
Npl	不良贷款率，等于不良贷款除以总贷款
Cir	成本收入比，等于业务及管理费用除以营业收入
MB	特许权价值，等于总资产的市值账面比
Year	年度哑变量

5.4 实证结果与分析

5.4.1 描述性统计

表5-2是变量的描述性统计。从表5-2中可知，银行资本充足率均值为0.125，最大值却达到了0.307，最小值则只有0.058，表明不同银行的资本充足率差异较大；内部控制指数的均值为4.296，标准差为0.130，最高值为4.456，最低值为3.852，表明银行整体的内部控制质量存在较大差异；在其他控制变量方面，个体差异都较为明显，说明样本具有良好的区分度。

表5-2 变量的描述性统计

变量名	样本数	均值	标准差	最小值	1/4位	中位值	3/4位	最大值
TCAP	121	0.125	0.029	0.058	0.109	0.120	0.133	0.307
ICQ	121	4.296	0.130	3.852	4.255	4.338	4.382	4.456
Size	121	28.380	1.331	25.050	27.590	28.410	29.290	30.660
Lev	121	0.939	0.015	0.869	0.934	0.940	0.946	0.978
Deposit	121	0.715	0.078	0.515	0.665	0.721	0.774	0.860
Loan	121	0.500	0.066	0.305	0.469	0.502	0.547	0.629
Roe	121	0.174	0.035	0.037	0.155	0.175	0.195	0.300
Npl	121	0.011	0.006	0.004	0.008	0.010	0.012	0.056
Cir	121	0.336	0.052	0.231	0.299	0.330	0.367	0.463
MB	121	1.057	0.096	0.977	1.005	1.023	1.059	1.620

5.4.2 相关性分析

表5-3是变量的相关性分析。从表5-3中可知，银行资本充足率与内部控制质量呈显著负相关，表明内部控制质量越好，银行资本充足率越低。此外，银行资本充足率与银行规模、资产负债率、贷款比率、净资产收益率和成本收入比呈显著负相关，与特许权价值呈显著正相关。由于部分控制变量之间的相

表5-3 变量的相关性分析

项目	TCAP	ICQ	Size	Lev	Deposit	Loan	Roe	Npl	Cir	MB
TCAP	1.000	—	—	—	—	—	—	—	—	—
ICQ	−0.247***	1.000	—	—	—	—	—	—	—	—
Size	−0.275***	0.517***	1.000	—	—	—	—	—	—	—
Lev	−0.855***	0.044	0.132	1.000	—	—	—	—	—	—
Deposit	−0.053	−0.059	0.381***	0.025	1.000	—	—	—	—	—
Loan	−0.318***	−0.057	0.295***	0.219***	0.670***	1.000	—	—	—	—
Roe	−0.361***	0.241***	0.355***	0.414***	0.053	0.048	1.000	—	—	—
Npl	0.018	−0.421***	0.054	−0.005	0.320***	0.119	−0.114	1.000	—	—
Cir	−0.366***	−0.295***	−0.224***	0.440***	0.214***	0.390***	−0.065	0.109	1.000	—
MB	0.331***	−0.657***	−0.390***	−0.233***	0.184***	0.089	−0.208***	0.338***	0.216***	1.000

注：***表示在10%的水平内显著。

关系数较显著，为了避免多重共线性的影响，本章进行了方差膨胀因子检验（VIF）检验，发现各控制变量以及模型总体的VIF值均小于10，表明并不存在严重的多重共线性问题。

5.4.3 多元回归分析

在控制其他变量的基础上，为了控制异方差问题，本章采用稳健标准误进行多元回归分析，其回归结果如表5-4所示。

表5-4 内部控制对银行资本充足率的影响

变量名	（1）
	TCAP
	资本充足率
ICQ	-0.050***
	（0.002）
Size	-0.000
	（0.725）
Lev	-1.679***
	（0.000）
Deposit	0.062**
	（0.011）
Loan	-0.113***
	（0.000）
Roe	0.028
	（0.420）
Npl	-1.018***
	（0.001）
Cir	-0.013
	（0.690）
MB	-0.075**
	（0.040）

续表

变量名	(1)
	TCAP
	资本充足率
年度	控制
常数项	2.049***
	(0.000)
Adjusted R^2	0.831
N	121

注：***和**分别表示1%和5%的显著水平。括号中为双尾检验的P值。

从表5-4中可知，加入其他控制变量以后，内部控制质量与银行资本充足率呈显著负相关，支持本章的研究假设1b。这表明，高质量的内部控制有助于企业识别出高资本充足率所隐藏的成本与风险（如投资不足所带来的机会成本），并采取相应有效的应对措施。在控制变量方面，银行资本充足率与负债率、贷款比率、不良贷款率和特许权价值呈显著负相关，与存款比率呈显著正相关，表明资产负债率更高、存款比率更低、贷款比率更高、不良贷款率更高、特许权价值更高的银行资本充足率更低。

5.5 进一步分析与稳健性检验

5.5.1 资本充足率的相对水平

高质量的内部控制有效降低了银行的资本充足率，这一结果可以解释为高质量的内部控制抑制了银行的“投资不足”，但同时也可能是因为高质量的内部控制助长了银行的“过度投资”。那么，高质量的内部控制究竟是抑制了银行的“投资不足”，还是助长了银行的“过度投资”呢?

首先，超出最低资本充足率监管要求的资本缓冲反映了银行的谨慎性，银行可能存在过于规避风险、投资不足的倾向。为了维护我国金融系统的安全与稳定，中国银监会于2009年12月将最低资本充足率要求从原来的8%提升至10%（中型小银行）和11%（大型银行）。2010年3月，中国银监会又将大型银行的资本充足率监管要求提升至11.5%。2013年1月，在中国银监会制定的《商业银行资本管理办法（试行）》中，将中小型银行资本充足率监管要求再次提升至10.5%。从我国上市银行2007—2014年的资本充足率来看，大部分银行的资本充足率都高于最低监管要求，低于监管要求的次数仅出现6次，其中平安银行4次、华夏银行与民生银行各1次。采用高于最低监管资本充足率的资本缓冲来衡量资本充足率的相对水平，本章也再次进行了回归检验。从表5-5中第一列的回归结果可知，内部控制质量与银行资本充足率呈显著负相关，支持本章的研究假设1b，表明良好的内部控制有效抑制了银行的“投资不足”。

其次，降低资本充足率虽然有助于抑制银行的“投资不足”，但也并非是无成本的。在高质量的内部控制环境中，银行在降低资本充足率时至少要考虑低于监管当局要求的最低值所带来的惩罚风险。因此，若假设1b成立，在剔除资本充足率低于监管要求的银行样本观测值之后，结果应仍然存在。表5-5中第二列的检验结果表明：内部控制质量与银行资本充足率仍然呈显著负相关。

综上表明，高质量的内部控制通过权衡风险与收益将银行的资本充足率控制在与其价值相一致的水平——在保证不触及监管红线、降低惩罚风险的基础上，降低资本充足率可以捕捉市场机会、提高资本利用效率。

表5-5　超出最低监管要求的资本缓冲

变量名	（1）	（2）
	TCAP	TCAP
	资本缓冲	剔除低于监管
ICQ	−0.046***	−0.042**
	（0.005）	（0.011）

续表

变量名	(1)	(2)
	TCAP	TCAP
	资本缓冲	剔除低于监管
Size	-0.003**	-0.005***
	(0.036)	(0.005)
Lev	-1.603***	-1.543***
	(0.000)	(0.000)
Deposit	0.055**	0.040*
	(0.015)	(0.080)
Loan	-0.113***	-0.073**
	(0.000)	(0.012)
Roe	0.033	0.051*
	(0.358)	(0.093)
Npl	-1.050***	-0.191
	(0.001)	(0.731)
Cir	-0.012	-0.026
	(0.717)	(0.472)
MB	-0.073**	-0.049
	(0.048)	(0.253)
年度	控制	控制
常数项	1.946***	1.876***
	(0.000)	(0.000)
Adjusted R^2	0.884	0.884
N	121	115

注：***、**和*分别表示1%、5%和10%的显著水平。括号中为双尾检验的P值。

5.5.2 产权性质的影响

企业产权性质不同，其内部控制建设动机可能也会有所差异。刘启亮等（2012）认为企业加强内部控制建设的动机与产权性质有关。受行政因素的影响，国有企业的内部控制建设更多的是为了响应国家政策，发挥国有企业的示范作用；对于民营企业，追求利润最大化的经济性动机可以激励其加强内部控制，防范经营风险并提高经营效率。因此，对于不同产权性质的银行，内部控制的作用可能会有所差异。采用第一大股东属性衡量银行产权性质，本章检验内部控制对不同产权性质银行资本充足率的影响。从表5-6中的回归结果表明，高质量的内部控制显著降低了民营银行的资本充足率，表明内部控制在民营银行风险决策过程中的作用更加明显。

表5-6 产权属性的影响

变量名	(1)	(2)
	TCAP	TCAP
	国有控股	民营控股
ICQ	-0.001	-0.097**
	(0.937)	(0.021)
Size	0.009***	0.000
	(0.000)	(0.982)
Lev	-0.608***	-1.836***
	(0.001)	(0.000)
Deposit	-0.027	0.079
	(0.271)	(0.250)
Loan	0.023	-0.168***
	(0.487)	(0.007)
Roe	-0.092*	0.108*
	(0.055)	(0.074)
Npl	-0.764*	-1.457***
	(0.092)	(0.001)
Cir	0.040	0.009
	(0.205)	(0.888)

续表

变量名	(1)	(2)
	TCAP	TCAP
	国有控股	民营控股
MB	0.076	−0.108**
	(0.231)	(0.013)
年度	控制	控制
常数项	0.381	2.415***
	(0.162)	(0.000)
Adjusted R^2	0.772	0.882
N	73	48

注：***、**和*分别表示1%、5%和10%的显著水平。括号中为双尾检验的P值。

5.5.3 市场化程度的影响

在国际《巴塞尔协议Ⅱ》中，市场约束与资本充足率、银行监管一起成为巴塞尔新资本协议的“三大支柱”，旨在通过市场力量加强对银行的监督，达到限制银行承担过度风险的目的。一些学者发现市场约束可以促进银行提升其资本充足率（Alfon et al., 2004；Nier and Baumann, 2006；Flannery and Rangan, 2008；Fonseca and Gon á lez, 2010）。因此，当面临不同程度的市场约束时，内部控制对银行资本充足率的影响可能也会有所差异。采用樊纲等（2011）编制的中国各省区市场化指数衡量银行所处地区的市场约束程度，市场化指数越高代表市场约束越强。以市场化指数总得分的中位值进行分组（中位值以上为1，否则为0），根据市场约束的强弱，检验内部控制对银行资本充足率的不同影响。从表5-7中的回归结果表明，当市场化程度更低时，高质量的内部控制更加显著地降低了银行的资本充足率。

表5-7　市场化程度的影响

变量名	（1）	（2）
	TCAP	TCAP
	市场化程度高	市场化程度低
ICQ	-0.010	-0.069**
	（0.745）	（0.042）
Size	0.003	0.002
	（0.216）	（0.509）
Lev	-1.911***	-0.990***
	（0.000）	（0.004）
Deposit	-0.058	0.084***
	（0.331）	（0.010）
Loan	-0.067**	-0.118*
	（0.027）	（0.085）
Roe	0.075	-0.115
	（0.129）	（0.219）
Npl	-1.282***	-1.024
	（0.000）	（0.212）
Cir	0.038	-0.089*
	（0.401）	（0.097）
MB	-0.138**	0.056
	（0.046）	（0.514）
年度	控制	控制
常数项	2.164***	1.286***
	（0.000）	（0.005）
Adjusted R^2	0.873	0.691
N	61	60

注：***、**和*分别表示1%、5%和10%的显著水平。括号中为双尾检验的P值。

5.5.4 稳健性检验

为了确保研究结论的可靠性，本章进行了以下稳健性检验。首先，根据银行内部控制指数中位值设置内部控制哑变量（中位值以上为1，表示内部控制质量较好；中位值以下为0，表示内部控制质量较差），然后进行回归检验，从表5-8中第一列的回归结果来看，内部控制质量与银行资本充足率仍然呈显著负相关。其次，为了克服遗漏变量所导致的内生性问题，本章通过面板数据固定效应模型对研究假设进行了再次检验，从表5-8中第二列的回归结果与前文基本一致。最后，为了更进一步检验内生性的影响，借鉴Faccio et al.（2011）、杨道广和陈汉文（2013）等人的研究，采用内部控制年度均值（MICQ）为工具变量，进行两阶段OLS回归检验，从表5-9中的回归结果显示，内部控制质量与银行资本充足率仍然呈显著负相关。综合以上的稳健性检验结果，表明本章的研究结论是比较可靠的。

表5-8 稳健性检验结果

变量名	（1）	（2）
	TCAP	TCAP
	内控哑变量	固定效应
ICQ	−0.014***	−0.048***
	（0.002）	（0.008）
Size	−0.001	−0.057***
	（0.497）	（0.009）
Lev	−1.637***	−1.650***
	（0.000）	（0.000）
Deposit	0.056**	0.030
	（0.024）	（0.631）
Loan	−0.110***	−0.252***
	（0.000）	（0.008）

续表

变量名	（1）	（2）
	TCAP	TCAP
	内控哑变量	固定效应
Roe	0.025	0.030
	（0.476）	（0.521）
Npl	−0.843***	−1.214***
	（0.002）	（0.000）
Cir	−0.012	−0.025
	（0.723）	（0.717）
MB	−0.057*	−0.141***
	（0.100）	（0.003）
年度	控制	控制
常数项	1.809***	3.762***
	（0.000）	（0.000）
Adjusted R^2	0.825	0.820
N	121	121

注：***、**和*分别表示1%、5%和10%的显著水平。括号中为双尾检验的P值。

表5-9　两阶段回归结果

变量名	（1）	（2）
	ICQ	TCAP
	第一阶段	第二阶段
ICQ	—	−0.112***
	—	(0.000)
Size	0.023***	0.001
	(0.010)	(0.437)
Lev	−0.261***	−1.574***
	(0.725)	(0.000)

续表

变量名	(1)	(2)
	ICQ	TCAP
	第一阶段	第二阶段
Deposit	0.117	0.065***
	(0.400)	(0.000)
Loan	-0.053	-0.113***
	(0.728)	(0.000)
Roe	0.052	0.030
	(0.799)	(0.424)
Npl	-1.338	-0.834***
	(0.297)	(0.000)
Cir	-0.093	-0.022
	(0.660)	(0.556)
MB	-0.130	-0.030
	(0.466)	(0.326)
MICQ	0.759***	—
	(0.000)	—
常数项	0.761	2.107***
	(0.513)	(0.000)
Adjusted R^2	0.708	0.791
N	121	121

注：***、**和*分别表示1%、5%和10%的显著水平。括号中为双尾检验的P值。

5.6 本章小结

目前，国内的内部控制研究文献均比较关注非金融业企业，对内部控制在银行业企业经营与管理决策中的作用却鲜有学者进行实证检验。为此，本章以

2007—2014年我国沪、深两市A股16家上市银行为研究样本，首次尝试探究内部控制对银行资本充足率的影响。研究结果表明，高质量的内部控制可以有效地降低银行资本充足率。区分资本充足率的相对水平后发现，该结果主要存在于资本充足率高于监管底线的样本，且高质量的内部控制有助于降低资本充足率超出监管底线的幅度；更进一步研究发现，该效应在民营控股银行以及所在地区市场化程度较低的银行中表现得更加显著。

除理论贡献外，本章的研究还具有重要的现实启示及意义。加强银行系统内部控制建设对促进银行稳健经营、维持金融系统安全与稳定以及提升金融系统整体效率都具有重要意义。从银行的角度来看，通过加强内部控制建设提升内部控制质量，可以提高银行风险管控能力，促进银行稳健经营，提升银行投资效率与经营效率；从银行监管机构的角度来看，通过加强内控监管促使银行提高风险管控能力，对于维护我国金融体系的安全与稳定、提升金融系统的整体效率、提高我国经济资源配置的有效性方面都具有重要意义。

6

内部控制质量与银行业绩——风险敏感性

COSO委员会发布《企业风险管理——整合框架》以来，随着新环境、新技术的不断演变，风险日趋复杂多变，新型风险不断涌现。为此，COSO委员会着力对企业风险管理框架进行了修订，并于2017年9月发布了最终修订版《企业风险管理——与战略和业绩的整合》。相比以往，新框架更强调制定战略和提升绩效过程中的风险，其中尤其关注风险与价值、绩效的关系以及风险管理与战略的协同作用。通过前两章的实证研究发现，高质量的内部控制不仅有效降低了银行的风险承担水平，而且显著降低了银行的资本充足率，表明高质量的内部控制提升了银行的风险决策与风险管控质量。在此基础上，本章进一步分析内部控制质量对银行业绩——风险敏感性的影响，以检验内部控制在提升银行经营效率与效果上的作用。

6.1 引言

2002年美国SOX法案和2008年中国版SOX法案——《企业内部控制基本规范》的先后颁布分别掀起了两国学术界对企业内部控制的研究热潮。早期文献主要是遵循“内部控制—会计信息质量—信息不对称与代理冲突”的研究范式（杨道广，2016）而展开，发现了内部控制在合理保证财务报告可靠性（Doyle et al., 2007；Goh and Li, 2011；Ashbaugh-Skaife et al., 2013；张龙平等，2010；董望和陈汉文，2011；范经华等，2013）、企业合法合规性（单华军，2010；杨道广和陈汉文，2015）等方面的大量经验和证据。近年来，研究视角开始转向内部控制在企业经营管理活动中的作用。一些研究发现表明，良好的内部控制有助于提高企业的存货管理质量（Feng et al., 2015）、税收筹划水平（Bauer et al., 2016；李万福和陈晖丽，2012）以及整体的投资与经营效率（Cheng et al., 2013；Cheng et al., 2017；李万福等，2011），还有助于降低经营与诉讼风险（高明华等，2013；毛新述和孟杰，2013）、提升并购整合能力与并购业绩（杨道广等，2014）等。但是，在他们的研究中均将银行企业从其样本中删除了，使得内部控制在银行财务与经营决策中的作用缺乏必要的探讨和深入的研究。

其实，内部控制在金融行业中的监管历史比较久远。早在1991年，美国国会就颁布了联邦存款保险公司提升法案（FDICIA）。该法案要求银行基于风险进行存款保险，提高资本充足率并加强内部控制，其中资产超过5亿美元的银行的高管层与外部审计师还必须对银行内部控制的有效性进行评价。FDICIA实施以后，银行的资本金水平普遍得到提升，基于风险的存款保险制度也能够激励银行降低自身的风险承担水平。在学术界，一些学者实证检验了FDICIA内部控制监管对银行业经营与管理的影响。他们发现，FDICIA显著降低了银行所面临的总风险、系统风险与特质风险（Akhigbe and Whyte, 2001），从而降低了银行的风险承担水平（Jin et al., 2013）。

在我国，中国人民银行分别于1997年、2002年印发了《加强金融机构内部控制的指导原则》《商业银行内部控制指引》。在《商业银行内部控制指引》中，内部控制被定义为商业银行为了实现经营目标，通过制定和实施一系列制度、程序和方法，对风险进行事前防范、事中控制、事后监督和纠正的动态过程和机制。内部控制的目标主要包括：①确保国家法律规定和商业银行内部规章制度的贯彻执行；②确保商业银行发展战略和经营目标的全面实施和充分实现；③确保风险管理体系的有效性；④确保业务记录、财务信息和其他管理信息的及时、真实和完整。2003年中国银监会成立后，分别于2007年、2014年对《商业银行内部控制指引》进行了修订，但是关于内部控制的目标并未发生实质性改变，除财务报告可靠性、合法合规性、经营效率与效果三大目标外，还包括风险管控目标——保证风险管理系统的有效性。因此，从我国银行业内部控制的发展进程来看，银行内部控制始终强调“经营管理”“风险管控”导向。由于银行业经营风险较高且在金融系统中具有其特殊的地位，为了确保金融系统的安全与稳定，必须加强商业银行的风险管理，因此建立健全商业银行的内部控制制度至关重要。但遗憾的是，目前国内鲜有文献实证检验内部控制在银行业经营与管理决策中的作用。仅章添香和张春梅（2015）探讨了我国内部控制措施对商业银行经营绩效的影响，但他们忽略了银行业绩的根本性决定因素是在于对风险的管控，仅仅考察最终的银行业绩是无法反映银行业内部控制最基本的功能——风险管控。

COSO委员会致力于有关内部控制的研究，并于1992发布了著名的COSO报告《内部控制整合框架》，该框架引起了全球理论界与实务界的广泛关注。为了帮助企业构建更为全面的风险管理体系，强调内部控制与风险管理的结合，COSO委员会于2004年对内部控制框架进行了拓展，发布了《企业风险管理——整合框架》。然而，随着全球新技术、新环境的不断演变，风险日趋复杂多变，新型风险不断涌现。尤其是2008年全球金融危机的爆发，更为企业的风险管理敲响了警钟，企业高管层对风险管理日益重视。在此背景下，COSO委员会开始对《企业风险管理——整合框架》进行修订，并于2016年发布了《企业风险管理——协调风险、战略以及业绩》征求意见稿。经过此后长达一年不断的讨论与协商，最终修订版《企业风险管理——与战略和业绩的整合》于2017年9月面世。与2004年COSO《企业风险管理——整合框架》相比，新框架更强调制定战略和提升绩效过程中的风险，其中尤其关注风险与价值、绩效的关系以及风险管理与战略的协同作用。

基于此，本章以2007—2014年我国沪、深两市A股16家上市银行为研究样本，探讨内部控制质量对银行业绩—风险敏感性的影响。研究结果表明，高质量的内部控制能够显著增强银行业绩—风险敏感性。通过进一步分析发现，该效应在民营控股、资本金水平更高、规模更大的银行中表现得更加显著。

本章的贡献主要表现在以下几个方面：第一，扩展了内部控制经济后果的相关研究。目前国内鲜有文献实证研究内部控制在银行业财务与经营决策中的作用，本章首次实证探究内部控制对我国银行业绩—风险敏感性的影响，为内部控制在银行经营管理过程中的作用与价值提供了经验和证据。第二，丰富了银行业绩的相关研究。以往国内关于银行业绩的研究大多只是围绕股权结构、董事会、监事会以及管理层激励等公司治理机制展开，而本章则是从银行风险管控、经营效率与效果的视角研究内部控制质量对银行经营业绩与风险承担敏感性的影响。第三，本章的研究还具有重要的现实意义。银行业是经营风险的行业，加强商业银行内部控制建设对于提升银行风险管控的有效性、实现银行的价值创造以及维护我国金融系统的安全与稳定等方面均具有重要意义。对于银行而言，加强银行内部控制建设可以提升银行业绩—风险敏感性，实现银行的价值创造；对于监管当局而言，通过加强内部控制监管可以促使银行提升自身的风险管控能力，促进我国金融系统整体运行效率的提升，维持金融体系的安全与稳定，提升我国经济运行效率与经济资源配置的有效性。

本章其他部分的安排如下：第二节为理论分析与研究假设；第三节为研究设计；第四节为实证结果与分析；第五节为进一步分析与稳健性检验；最后是简要的结论。

6.2 理论分析与研究假设

随着新环境、新技术的不断演变，风险日趋复杂多变，新型风险不断涌现。2004年COSO委员会发布的《企业风险管理——整合框架》，如今已难以满足企业日益高涨的风险管理需求。尤其是2008年全球金融危机的爆发，更为企业的风险管理敲响了警钟。为此，COSO委员会着力对《企业风险管理——整合框架》进行了修订，并于2017年9月发布了最终修订版《企业风险管理——与战略和业绩的整合》。与2004年的《企业风险管理——整合框架》相比，新框架更加强调制定战略和提升绩效过程中的风险，其中尤其关注风险与价值、绩效的关系以及风险管理与战略的协同作用。

在金融体系中，银行具有特殊的地位与作用，且银行危机具有极大的负外部性，因此银行业一直受到各个国家严格的监管。为了确保银行稳健经营，国际《巴塞尔协议》规定了银行最低资本充足率，资本充足率较低的银行对高风险资产的选择将受到严格的限制。在中国人民银行与中国银监会颁布的《商业银行内部控制指引》中，明确指出确保银行风险管理体系的有效性是内部控制的目标之一。在金融行业中，资产的风险收益普遍遵循“高风险、高收益，低风险、低收益”的黄金法则，然而风险资产的收益最终能否实现，不仅取决于国家整体的宏观经济环境，还取决于各个银行内部控制的风险管控水平。具体而言，内部控制可以通过以下三个方面来影响银行风险资产的收益实现。

其一，内部控制强调将风险目标设定在与企业价值实现相一致的风险容量之内。通过权力制衡、分离控制以及一系列规范的业务流程与授权审批等决策程序，内部控制可以及时识别并系统分析银行在经营过程中所面临的风险，将风险目标设定在合理的风险容量之内，并确定合理的风险应对措施。良好的内部控制可以有效提升银行的风险管控质量，实现资源的合理配置，降低未来的经营风险。Lambert et al.（2007）认为通过健全的内部决策程序，内部控制可以促进企业资源的有效配置。Jin et al.（2013）发现FDICIA内部控制监管降低了金融危机期间银行陷入财务困境的可能性。

其二，低质量的内部控制降低了财务报告质量，加剧了信息不对称程度，可能会产生严重的代理问题（Doyle et al., 2007；Ashbaugh-Skaife et al., 2013），从而影响到企业的风险决策质量与经营效率及效果。此外，良好的内部控制还可以抑制管理层的机会主义行为，如为构建“经理人帝国”（Jensen, 1986）而承担过高风险、因规避风险而风险承担不足。李万福等（2010）、李万福等（2011）认为良好的内部控制可以缓解因信息不对称而引发的代理问题，进而抑制过度投资与投资不足，降低企业陷入财务困境的可能性。

其三，高质量的内部控制可以提升企业治理层、管理层以及员工之间的信息沟通效率，良好的信息沟通为企业风险决策提供了信息基础，进而提高了企业的风险决策质量。Feng et al.（2009）发现无效的内部控制会导致低质量的内部管理报告，从而降低管理层的决策质量，进而影响企业的经营效率。

基于以上分析，本章提出以下假设：

假设：在其他条件相同的情况下，内部控制质量越高，银行业绩—风险敏感性越强。

6.3 研究设计

6.3.1 样本选择与数据来源

本章选取了2007—2014年我国沪、深两市A股16家上市银行为研究样本，剔除了相关变量数据不全的观测值后，最终获得了121个银行年度观测值。本章所使用的内部控制质量数据来自厦门大学内部控制指数课题组根据内部控制的“过程观”构建的“中国上市公司内部控制指数”，其他数据均来自银行年报与CSMAR数据库。

6.3.2 变量衡量

6.3.2.1 内部控制质量

本章采用厦门大学内部控制指数课题组（2014）按照内部控制“过程观”构建的“中国上市公司内部控制指数”来衡量内部控制质量，内部控制指数分值越高，表示内部控制质量越好。

6.3.2.2 银行风险承担

关于银行风险承担变量，国内外学者采用了多种指标进行衡量，包括风险加权资产占总资产的比率（Delis et al., 2011；De Nicolò et al., 2010；江曙霞和陈玉婵，2012；方意等，2012；方意，2015）、不良贷款率（Delis et al., 2011；González, 2005；方意等，2012；李成和刘生福，2015；刘忠璐，2016）、贷款损失准备占总贷款的比率（Barry et al., 2011；张雪兰和何德旭，

2012；王耀青和金洪飞，2014）、预期违约概率（Altunbas et al., 2010；牛晓健和裘翔，2013）、*Z*值（Laeven et al., 2009；张雪兰和何德旭，2012；徐明东和陈学彬，2012；刘忠璐，2016）等指标。这些指标分别从不同角度衡量银行风险承担，如*Z*值与预期违约概率主要是反映银行的破产风险；不良贷款率、贷款损失准备占总贷款的比率、风险加权资产占总资产的比率则主要是反映银行的资产质量与信贷风险。从我国商业银行的实际情况来看，贷款是商业银行的主要业务，信贷风险是其主要风险。风险加权资产占总资产的比率能够反映银行资产组合在各个时点上的风险水平，主要用来衡量银行在资产选择过程中承担的风险（方意等，2012；方意，2015）。因此，参照方意等（2012）、方意（2015）的做法，本章采用风险加权资产占总资产的比率来衡量银行风险承担，风险加权资产占总资产的比率越大，表示银行风险承担水平越高。

6.3.2.3 银行经营业绩

本章采用银行营业收入来衡量银行经营业绩，同时采用银行计提贷款损失准备前的营业利润与税前利润占总资产的比率来进行稳健性检验。

6.3.3 实证模型

$$\text{Perform}=\beta_0+\beta_1\text{Rwata}+\beta_2\text{Rwata}\times\text{ICQ}+\beta_3\text{ICQ}+\beta_4\text{Size}+\beta_5\text{Deposit}+\beta_6\text{Loan}+\beta_7\text{Cap}+\beta_8\text{Cir}+\text{Year}+\varepsilon \quad (6\text{-}1)$$

式中：Perform代表银行经营业绩，以银行营业收入除以总资产的比率表示；Rwata代表银行风险承担，以银行风险加权资产除以总资产的比率表示；ICQ为内部控制质量，按照“中国上市公司内部控制指数”总得分的中位值设置哑变量（中位值以上为1，否则为0）。在控制变量方面，参考了Iannotta et al.（2007）、Aebi et al.（2012）、Saghi-Zedek and Tarazi（2015）等人的研究，模型中控制了银行规模（Size）、存款比率（Deposit）、贷款比率（Loan）、资本金水平（Cap）、成本收入比（Cir）以及年度（Year）的影响。模型主要关注Rwata与ICQ的交互项系数β_2，若$\beta_2>0$则表明内部控制质量越高，银行业绩—风险敏感性越强。变量定义具体如表6-1。

表6-1 变量定义

变量名	定义
Perform	银行经营业绩，以营业收入除以总资产的比率表示
Rwata	银行风险承担，以风险加权资产除以总资产的比率表示
ICQ	内部控制质量，以内部控制指数总得分的中位值设置哑变量
Size	银行规模，等于总资产的自然对数值
Deposit	存款比率，等于总存款除以总资产
Loan	贷款比率，等于总贷款除以总资产
Cap	资本金水平，等于权益资本除以总资产
Cir	成本收入比，等于业务及管理费用除以营业收入
Year	年度哑变量

6.4 实证结果与分析

6.4.1 描述性统计

表6-2是变量的描述性统计。从表6-2中可知，银行经营业绩均值为0.028，标准差为0.004，最小值为0.020，最大值为0.036，表明银行经营业绩存在较大差异；风险加权资产占总资产的比率均值为0.593，最大值却达到了0.728，最小值则只有0.445，表明不同银行的风险承担水平差异较大；内部控制质量的均值为0.504，标准差为0.502，最大值为1，最小值为0。在其他控制变量方面，个体差异都较为明显，说明样本具有良好的区分度。

表6-2　描述性统计

变量名	样本数	均值	标准差	最小值	1/4位	中位值	3/4位	最大值
Perform	121	0.028	0.004	0.020	0.025	0.028	0.030	0.036
Rwata	121	0.593	0.065	0.445	0.547	0.594	0.632	0.728
ICQ	121	0.504	0.502	0.000	0.000	1.000	1.000	1.000
Size	121	28.375	1.331	25.048	27.587	28.413	29.294	30.657
Deposit	121	0.715	0.078	0.515	0.665	0.721	0.774	0.860
Loan	121	0.499	0.066	0.305	0.469	0.502	0.547	0.629
Cap	121	0.061	0.015	0.022	0.054	0.060	0.066	0.131
Cir	121	0.336	0.051	0.231	0.299	0.330	0.367	0.463

6.4.2　相关性分析

表6-3是变量的相关性分析。从表6-3中可知，银行经营业绩与银行风险承担呈显著正相关，表明银行业绩—风险敏感性较强。另外，银行经营业绩与银行规模、存款比率、贷款比率和资本金水平呈显著正相关，表明规模更大、存贷款比率更高、资本金比率更高的银行经营业绩会更好。此外，由于部分控制变量之间的相关系数较为显著，为了避免多重共线性的影响，本章进行了方差膨胀因子检验（VIF）检验，发现各控制变量以及模型总体的VIF值均小于10，表明不存在严重的多重共线性问题。

表6-3 变量的相关性分析

变量名	Perform	Rwata	ICQ	Size	Deposit	Loan	Cap	Cir
Perform	1.000	—	—	—	—	—	—	—
Rwata	0.337***	1.000	—	—	—	—	—	—
ICQ	0.059	0.275***	1.000	—	—	—	—	—
Size	0.412***	0.231***	0.547***	1.000	—	—	—	—
Deposit	0.290***	-0.065	0.003	0.381***	1.000	—	—	—
Loan	0.172***	0.273***	-0.036	0.295***	0.670***	1.000	—	—
Cap	0.275***	0.003	-0.016	-0.132	-0.025	-0.219***	1.000	—
Cir	-0.090	-0.054	-0.311***	-0.224***	0.214***	0.390***	-0.440***	1.000

注：***表示在10%的水平内显著。

6.4.3　多元回归分析

在控制其他变量的基础上，为了控制异方差问题，本章采用稳健标准误进行多元回归分析，回归分析结果如表6-4所示。

表6-4　多元回归分析结果

变量名	（1）
	Perform
	营业收入
Rwata	0.015**
	（0.012）
Rwata*ICQ	0.016**
	（0.037）
ICQ	–0.010**
	（0.031）
Size	0.001***
	（0.000）
Deposit	0.017***
	（0.000）
Loan	–0.014***
	（0.004）
Cap	0.071***
	（0.000）
Cir	0.016***
	（0.004）
年度	控制
常数项	–0.028***
	（0.000）
Adjusted R^2	0.625
N	121

注：***、**和*分别表示1%、5%和10%的显著水平。括号中为双尾检验的P值。

从表6-4中可知，加入其他控制变量以后，Rwata与ICQ的交互项系数在5%的水平上显著为正，表明内部控制质量越好，银行业绩—风险敏感性越强，从而证实了本章的研究假设。在控制变量方面，与已有的研究发现一致，银行规模与银行经营业绩呈显著正相关（Iannotta et al., 2007），存款比率、资本金水平与银行经营业绩呈显著正相关（Iannotta et al., 2007；Saghi-Zedek and Tarazi, 2015），贷款比率与银行经营业绩呈显著负相关（Aebi et al., 2012）；此外，成本收入比与银行经营业绩呈显著正相关。

6.5 进一步分析与稳健性检验

6.5.1 产权性质的影响

企业产权性质不同，其内部控制建设动机可能也会有所差异。刘启亮等（2012）认为企业加强内部控制建设的动机与产权性质有关。受到行政因素的影响，国有企业的内部控制建设更多是为了响应国家政策，发挥国有企业的示范作用；对于民营企业来说，追求利润最大化的经济性动机能够激励其加强内部控制进行风险管控，从而提升经营业绩。因此，对于不同产权性质的银行，内部控制风险管控的作用可能会有所差异。本章采用第一大股东属性衡量银行产权性质，检验内部控制对不同产权银行业绩—风险敏感性的影响。表6-5的回归分析结果表明，高质量的内部控制能够显著加强民营控股银行的业绩——风险敏感性。

表6-5 产权性质的影响

变量名	（1）	（2）
	Perform	Perform
	国有控股	民营控股
Rwata	0.005	-0.004
	（0.528）	（0.619）

续表

变量名	(1)	(2)
	Perform	Perform
	国有控股	民营控股
Rwata*ICQ	0.008	0.046***
	(0.193)	(0.000)
ICQ	-0.006	-0.028***
	(0.125)	(0.000)
Size	0.001**	0.000
	(0.023)	(0.677)
Deposit	0.022***	0.017**
	(0.000)	(0.043)
Loan	-0.024***	0.005
	(0.000)	(0.689)
Cap	0.087**	0.052**
	(0.017)	(0.034)
Cir	-0.005	0.022**
	(0.394)	(0.042)
年度	控制	控制
常数项	-0.008	-0.007
	(0.529)	(0.752)
Adjusted R^2	0.795	0.651
N	73	48

注：***、**和*分别表示1%、5%和10%的显著水平。括号中为双尾检验的P值。

6.5.2 资本金水平的影响

银行业具有其自身独特的行业属性，其中资本结构上的高负债比以及资产交易的非透明性，使得银行系统具有其内在的脆弱性（潘敏，2013）。由于银行在金融系统中具有特殊的地位与作用，银行系统危机具有极大的负外部性，因而银行业一直都受到严格的管制与监管。为了确保银行业稳健经营，国际《巴塞尔协议》对银行最低资本充足率进行了规定，以此加强对银行资本及风险资产的监管。当银行资本金水平较低时，银行对高风险资产的选择会受到很大的限制。资本金水平较高的银行对风险资产的选择空间更大，从而为内部控制作用的发挥提供了更大的施展空间。金鹏辉等人（2014）通过以我国银行业样本为例，发现资本金水平的提升会激励银行承担更多的风险，而最低资本金监管要求的提高有助于抑制银行承担过度的风险。

因此，当银行资本金水平较低时，内部控制对银行业绩—风险敏感性的影响可能会被弱化。换言之，当银行资本金水平较高时，内部控制能够起到增强银行业绩—风险敏感性的作用，从而提升银行经营效率与效果。按照银行资本金水平的中位值设置哑变量（中位值以上为1，否则为0），本章检验内部控制对不同资本金水平的银行业绩—风险敏感性的影响。表6-6中的回归结果表明，内部控制对银行业绩—风险敏感性的增强作用在资本金水平更高的银行中表现得更为显著。

表6-6　资本金水平的影响

变量名	（1）	（2）
	Perform	Perform
	资本金水平高	资本金水平低
Rwata	0.006	0.028***
	（0.441）	（0.008）
Rwata*ICQ	0.025**	0.004
	（0.019）	（0.733）
ICQ	−0.016**	−0.004
	（0.017）	（0.569）
Size	0.000	0.002***
	（0.117）	（0.000）
Deposit	0.033***	0.010*
	（0.000）	（0.084）

续表

变量名	(1)	(2)
	Perform	Perform
	资本金水平高	资本金水平低
Loan	-0.016*	-0.010
	(0.059)	(0.230)
Cir	0.022**	0.007
	(0.044)	(0.332)
年度	控制	控制
常数项	-0.011	-0.041***
	(0.211)	(0.005)
Adjusted R^2	0.625	0.462
N	61	60

注：***、**和*分别表示1%、5%和10%的显著水平。括号中为双尾检验的P值。

6.5.3　银行规模的影响

关于SOX 404条款执行成本收益的问题，国内外的许多学者进行了相关的调查与检验。国外的经验证据表明，SOX 404条款执行成本不足以弥补其产生的收益（Chhaochharia et al., 2007；Hochberg et al., 2009），尤其是小规模企业的执行成本更高昂（Holmstrom and Kaplan, 2003；Romano, 2005）。可能的原因在于：相对于大规模企业，小规模企业股权更集中、业务更单一、组织结构更简单，因此无须完善的内部控制制度也可以实现有效的经营与管理。通过问卷调查，我国学者缪艳娟等（2014）发现内部控制实施效果与企业规模有关，且呈非线性正相关关系。此外，规模经济效应使得大型银行的资产组合更加多元化，分散投资风险的能力也更强（Demsetz and Strahan, 1997；Delis and Kouretas, 2011），从而为内部控制增强银行业绩—风险敏感性提供了更大的施展空间。

因此，内部控制对银行业绩—风险敏感性的增强作用可能会受到银行规模的影响。相对于小型银行，内部控制加强银行业绩—风险敏感性的作用可能在大型银行中表现得更显著。按照银行规模的中位值进行分组（中位值以上为1，否则为0），本章检验内部控制对不同规模银行业绩—风险敏感性的影响。表6-7中的回归结果表明，高质量的内部控制能够显著加强大型银行的业绩——风险敏感性。

表6-7　银行规模的影响

变量名	（1）	（2）
	Perform	Perform
	大型银行	小型银行
Rwata	0.005	0.015***
	（0.711）	（0.009）
Rwata*ICQ	0.021**	0.004
	（0.041）	（0.731）
ICQ	-0.013**	-0.003
	（0.044）	（0.678）
Deposit	0.029***	0.003
	（0.000）	（0.699）
Loan	-0.019**	0.008
	（0.028）	（0.394）
Cap	0.029	0.068***
	（0.533）	（0.003）
Cir	0.013	0.014*
	（0.109）	（0.076）
年度	控制	控制

续表

变量名	(1)	(2)
	Perform	Perform
	大型银行	小型银行
常数项	0.011	0.003
	(0.176)	(0.555)
Adjusted R^2	0.578	0.513
N	61	60

注：***、**和*分别表示1%、5%和10%的显著水平。括号中为双尾检验的P值。

6.5.4 稳健性检验

为了确保研究结论的可靠性，本章进行了以下稳健性检验。首先，采用计提贷款损失准备前的营业利润代替营业收入占总资产的比率后进行回归分析，从表6–8中第一列的回归结果来看，Rwata与ICQ的交互项系数仍然显著为正；其次，采用提取贷款损失准备前的税前利润占总资产的比率代替营业收入占总资产的比率后再次进行回归分析，表6–8中第二列的回归结果与前文基本一致。综合以上结果，本章的研究结论是比较可靠的。

表6–8 稳健性检验结果

变量名	(1)	(2)
	Perform	Perform
	营业利润	税前利润
Rwata	–0.001	–0.001
	(0.834)	(0.784)
Rwata*ICQ	0.016***	0.016***
	(0.003)	(0.003)
ICQ	–0.010***	–0.009***
	(0.003)	(0.003)

续表

变量名	(1)	(2)
	Perform	Perform
	营业利润	税前利润
Size	0.001***	0.001***
	(0.000)	(0.000)
Deposit	0.010***	0.010***
	(0.000)	(0.000)
Loan	-0.004	-0.004
	(0.271)	(0.289)
Cap	0.056***	0.058***
	(0.000)	(0.000)
Cir	-0.012***	-0.012***
	(0.003)	(0.004)
年度	控制	控制
常数项	-0.010**	-0.011**
	(0.039)	(0.045)
Adjusted R^2	0.678	0.674
N	121	121

注：***、**和*分别表示1%、5%和10%的显著水平。括号中为双尾检验的P值。

6.6 本章小结

目前，国内关于内部控制的研究文献主要是集中于非金融业企业，对于内部控制在银行业企业财务与经营决策中的作用还缺乏必要的实证检验。为此，本章以2007—2014年我国沪、深两市A股16家上市银行为样本，首次尝试探究内部控制质量对银行业绩——风险敏感性的影响。研究结果表明，银行内部控制质量越好，银行业绩——风险敏感性越强。通进一步分析发现，内部控制质量对银行业绩——风险敏感性的影响在民营控股、资本金水平更高、规模更大的银行中表现得更加明显。

除理论贡献外，本章的研究还具有重要的现实启示意义。加强银行系统内部控制建设对提升银行风险管控能力、实现银行的价值创造、促进银行稳健经营以及维持金融系统安全与稳定等方面都具有重要意义。从银行的角度来看，通过加强内部控制建设提升银行内部控制质量，从而进一步提升银行业绩—风险敏感性，实现银行的价值创造，促进银行稳健经营；从银行监管机构的角度来看，由于银行在金融体系中发挥着重要作用，通过加强内部控制监管提升银行风险管控能力，对于提升我国金融系统整体运行效率、维持金融体系的安全稳定、提升我国经济运行效率与经济资源配置的有效性都具有重要意义。

7

实证研究结论及局限性

7.1 研究结论

本章选取了2007—2014年我国沪、深两市A股16家上市银行为研究样本，以厦门大学内部控制课题组（2014）按照内部控制“过程观”构建的“中国上市公司内部控制指数”来衡量内部控制质量，研究了内部控制在银行风险决策与风险管理过程中的作用。研究发现，通过提升银行风险管控的有效性以及经营效率与效果，高质量的内部控制可以有效降低银行风险承担水平，降低银行资本充足率，增强银行业绩—风险敏感性。具体如下：

7.1.1 本章研究了内部控制质量对银行风险承担的影响

实证结果表明，通过提升风险管控的有效性并降低信息不对称程度，高质量的内部控制可以有效降低银行的风险承担水平。通过进一步研究发现，内部控制降低银行风险承担的效应大小因银行自身属性及所面临的外部制度环境而异。具体而言，内部控制对国有控股、资本金水平更高、特许权价值更低的银行风险承担的影响更显著；银行所在地区的市场化程度越低，内部控制对银行风险承担的抑制作用就越明显。

7.1.2 本章检验了内部控制质量对银行资本充足率的影响

资本充足率的确定与维持水平是银行一项重要的风险决策，在高质量的内部控制可有效降低银行整体风险的基础上，本章进一步检验了内部控制对银行具体专项风险——资本充足率的影响。实证结果表明，高质量的内部控制可以有效地降低银行资本充足率。通过进一步研究发现，该结果主要存在于资本充足率高于监管底线的样本，且高质量的内部控制有助于降低资本充足率超出监管底线的幅度。区分产权属性与市场化程度后发现，该效应在民营银行以及所在地区市场化程度较低的银行中表现得更加显著。

7.1.3 本章探讨了内部控制质量对银行业绩—风险敏感性的影响

高质量的内部控制不仅能够有效降低银行风险承担水平，同时能够降低银行的资本充足率，表明良好的内部控制有助于提升银行的风险管控质量与经营效率及效果。在此基础上，本章进一步检验了内部控制对银行业绩—风险敏感性的影响。实证结果表明，高质量的内部控制能够显著提升银行业绩—风险敏感性，且该效应在民营控股、资本金水平更高、规模更大的银行中表现得更加明显。

7.2 局限性与未来研究方向

由于本人研究水平有限以及数据获取方面的制约，本章还存在一些不足之处，值得进一步探讨，这也可能成为未来的研究方向。

其一，本章选取的样本较为有限，仅为2007—2014年我国沪、深两市A股上市的16家银行，并未涉及我国尚未上市的银行，因而本章的研究结论具有一定的局限性。未来的研究可以尝试将我国尚未上市的银行包含在内，通过扩充样本容量，提升研究结论的稳健性。

其二，本章采用厦门大学内部控制课题组（2014）按照内部控制的“过程观”构建的“中国上市公司内部控制指数”来衡量内部控制质量，衡量方法比较单一。其实，关于内部控制的衡量方式在我国仍未达成共识，通过内部控制缺陷、内部控制审计意见等其他方法也可以衡量上市公司的内部控制质量。未来的研究可以采用多种不同的内部控制衡量方式开展研究，从而提升研究的准确性与适用性。

其三，银行的风险决策与风险管理必须以一定的会计信息与经营管理信息为基础。以往的大量研究已经表明，良好的内部控制可以提升企业的会计信息质量以及内部管理报告质量，从而为企业的经营与风险决策提供良好的信息基础。然而，本文并未直接检验内部控制对我国银行业会计信息质量的影响。未来的研究可以尝试就内部控制对我国银行业财务报告质量的影响进行实证检验，从而丰富内部控制在银行业的经济后果研究。

其四，本章主要是研究内部控制在银行风险决策与风险管理过程中的作用。然而，银行的风险决策与风险管理深受银行经营战略、风险偏好、风险文化以及高管特质等因素的影响。从某种意义上说，银行的内部控制质量就是银行经营战略、风险偏好以及高管特质等因素集中反映的外在表现。因此，未来的研究或许可以从银行的经营战略、风险偏好、风险文化和高管人口统计学特征等因素出发，研究其对银行内部控制质量、银行风险决策与风险管理的影响。

实践篇

银行业是经营风险的行业，发生不良贷款即为其突出表现。与普通公司相比，我国商业银行内部控制的目标还包括风险管控目标——确保风险管理系统的有效性。从内部控制五要素来看，其风险评估与控制活动要素在风险管控的过程中发挥着极其重要的作用。面对内外部环境的变化以及风险事件的影响，银行往往需要将风险前置并及时进行风险评估，从而设计并执行相应的风险控制活动，将风险控制在可接受的范围内。

实践篇以我国一家资产超过万亿规模的商业银行为例，主要根据2018—2020年在我国国内外形势下银行加强贷后管理、优化提升风险识别、风险预警及风险处置能力总结工作实践。

8

加强银行贷后管理，防范银行信贷风险

银行业是典型的顺周期行业，其资产质量与我国宏观经济调控政策紧密相关。在经济上行期间，银行贷款质量处于较好状态；在经济下行期间，贷款质量随之下行。在经济快速增长时，为了追求高收益，企业会主动加大财务杠杆不断扩张投资。由于这时企业的各项经营指标一般都较好，加上融资环境也较宽松，即使偿还到期贷款相对困难，往往也容易通过向其他银行借新还旧过渡，此时银行过度放贷现象较普遍。但是，随着经济下行，企业的各项经营指标会快速恶化。由于前期财务杠杆过大导致的财务成本过高，加上融资环境恶化，到期贷款难以再续，企业经营便会陷入困境，各类违约事件接踵而来。未来，伴随着经济增长速度放缓、经济转型升级以及产业结构的进一步调整，我国银行业资产质量将面临更加严峻的考验。

8.1 “重贷轻管”现象严重

银行是经营风险的金融机构，在经营过程中伴随着信用风险、市场风险、操作风险和流动性风险等多种风险。贷款是目前我国商业银行的主要业务，信用风险是它面临的主要风险。从信贷的全流程来看，银行信贷大致可以划分为贷前调查、贷中审查和贷后管理三个环节，其中每一个环节都蕴含着相应的风险。在当前信贷风险压力日益加大的背景下，提高信贷调查、审查审批和贷后管理的业务能力与水平，提升其把控实质性风险的能力显得尤为迫切。但是，从目前银行的实际情况来看，银行更加注重贷前、贷中环节中对风险的调查与防范，而对于贷后管理相对薄弱，存在“重贷轻管”的现象。

长期以来，由于信贷扩张可以迅速带动银行各项业务指标及经营业绩增长，因而银行信贷经营的重心都偏向市场拓展，各项资源配置与激励措施都向市场条件倾斜，客户经理也将主要精力放在拓展市场与客户营销方面。由于银行信贷具有收益在前、风险滞后的属性，因此贷后的风险不确定性较强，然而新增贷款的当期收益则是确定的，且经营考核的压力是现实的。面对当期确定的收益、现实的考核压力与未来不确定的风险，各机构主管及客户经理都不约而同地选择了前者。此外，相对于新增贷款的规模，贷后环节要检查的是数额相当庞大的存量贷款。面对多年累积的存量贷款，客户经理在拓展市场的同时还要兼顾贷后检查，难免会有些心有余而力不足。

在以往银监会对银行出具的监管意见中，银行贷后管理报告质量低下、流于形式被多次提及，银行贷后管理环节对贷款用途的监控不足也被多次诟病。从银行的贷后检查分析报告来看，贷后走访报告总体提交覆盖率仍未达100%，客户经理按照贷后时效要求及时提交贷后报告的比例仅占78.49%，五大分行的平均得分仅为3.08分（总分10分），报告整体质量仍然较低。在客户经理提交的贷后检查报告中，存在诸如财务报表未及时更新、财务分析与报表数据不一致、数据分析较为简单或流于形式的问题，以及对于审批条件、贷后监控方案、财务约束指标等执行情况未能有效落实反馈，未针对借款人及担保人实际经营情况和风险变化提出具体管控措施，对于逾期、还款异常、风险隐患等问题制定的处置措施的针对性不强，贷后走访照片缺失、冒用、真实性存疑等问题。

8.2 贷后管理的重要性

然而，尽管银行的风险是滞后的，且具有隐蔽性，但一旦时机成熟风险也必将显现。在信贷管理的贷前、贷中和贷后三个环节中，贷中评审与审批无疑是贷款业务准入的重要关口，在信贷风险控制中的重要性不言而喻。但是，仅仅依靠评审与审批无法确保能管控住风险，授信评审与审批毕竟只是一个在特定时点下所作的决策，而贷后阶段涉及的时间跨度却相当长。在漫长的贷后管理过程中，宏观经济、市场环境与企业经营无时无刻不在发生变化。在贷款发放时，借款人通常还是好企业，或者至少还算符合银行授信的准入和审批条件。在贷款发放初期，企业还能正常还本付息，保证人的履约能力以及抵质押物的价值也都还处于正常状态。但在随后的贷款持续期间，与借款人预期收益及还款能力相关的因素都在发生变化。不仅借款人的经营情况和财务能力在变、担保人的履约能力在变、抵质押物的价值和变现能力在变，而且经济形势在变、市场环境在变、调控政策在变、技术更新在变，而变化就意味着会有不确定性，不确定性带来的损失就意味着会出现风险。尤其在经济下行时期，不确定性往往会导致银行信贷资产迅速劣变为不良，从而给银行带来难以弥补的经济后果。据统计，一笔不良贷款造成的损失需要98笔正常贷款才能覆盖。因此，贷后管理必须引起银行的充分重视，如果贷后管理落实不到位，银行的贷前、贷中环节的努力都将化为乌有。在经济下行时期，加强对银行贷款客户的贷后检查尤其重要，其中对宏观经济波动更敏感的中小企业更要特别关注其风险的变化，以便及时采取有效措施化解风险。

近年来，我国商业银行的不良贷款数量与金额不断攀升，监管机构对银行贷款业务全过程的风险管控也提出了新的要求。面对金融业强监管的态势，如何做好贷后管理工作，已成为我国商业银行必须解决的重要而紧迫的问题。尤其对于区域性城商行或农商行，相对于国有及股份制大行，其负债资金成本较为高昂，较高的资金成本直接推升了其贷款利率。众所周知，银企之间存在严重的信息不对称现象，信息不对称将会直接导致贷款发放前的逆向选择与贷款发放后的道德风险。面对银行相对较高的贷款利率，选择来银行贷款的客户通常具有较高的风险属性，并且在贷款发放后的道德风险也更高。这十分考验银行的风险管控能力，其中贷后环节更是面临着严峻的挑战。在贷款获批时，客户也许还是好客户，其风险还相对可控。但在随后漫长的贷后时期，经济形势、市场环境和经营能力等都在发生变化，从而影响到客户的预期收益与经营现金流，进而可能导致客户的风险等级增大，银行的债权安全也会受到影响。因此，加强贷后管理对于银行而言尤为重要。

8.3 贷后管理薄弱的原因

然而，在银行信贷业务的贷前、贷中和贷后三个环节中，从以往监管层对银行出具的监管意见以及银行的贷后检查分析报告中可以看出，银行客户经理贷后检查不落实、不及时、不到位的现象较严重，其原因主要包括以下几个方面。

8.3.1 绩效考核机制更偏向拓展新增贷款，对存量贷款的贷后检查考核相对较少

在目前的银行绩效评价体系中，为了激励市场人员抢占市场份额，对于新增贷款的拓展设置了更大的权重。贷后管理是一项基础性工作，贷后风险不确定性较强，并不能带来显性的规模增量贡献，不容易在短期内出业绩。而新增贷款的当期收益则是确定的，且经营考核压力是现实的。面对当期确定的收益、现实的考核压力以及未来不确定的风险，各机构主管及客户经理都不约而同地选择了前者。而且，相对于新增贷款的规模，贷后环节要检查的是数额相当庞大的存量贷款，对其进行有效的贷后检查需要耗费相当多的时间与精力，这对于在拓展新增贷款方面已经耗费相当精力的客户经理而言，难免会心有余而力不足。

8.3.2 客户经理的风险意识相对淡薄

银行客户经理普遍比较年轻，在注重市场扩张的环境和氛围中成长，很多都未曾受过严格的专业风险识别与防范训练，也未曾经历过完整的一个经济周期，因而风险意识相对薄弱。面对激烈的同业竞争，为了快速抢占市场份额，往往过于追求上报效率，普遍存在项目的潜在风险调查不足、分析不透的问题。此外，还存在过分看重客户提供的抵质押担保的问题，以为有了足额的抵质押担保便可高枕无忧，而对客户的第一还款来源放松了警惕。殊不知，在经济下行时期，抵质押物价值会跟随宏观经济波动剧烈，可能导致抵质押物贬值、抵质押率过高而无法完全有效覆盖贷款本息，从而影响银行的债权安全。

8.3.3 风险识别与防控的信息来源与手段相对匮乏

目前，风险识别信息主要通过传统方式获取，比如依靠借款人提供的财务报表、生产经营等信息以及人行征信、全国法院涉诉被执行、股票股权应收账款质押登记、房地产抵押登记等外部途径查询信息。但是，一方面由于银企之间存在严重的信息不对称，客户提供的财务报表及生产经营信息的真实性还有待考究。另一方面，人行征信、全国法院涉诉被执行、股票股权应收账款质押登记、房地产抵押登记等外部查询的频率通常也只是每三个月查询一次，频率过低不利于及时捕捉风险。此外，由于基层客户经理的风险排查能力参差不齐，面对获取的内外部信息，他们也未必能确保可以进行有效的风险识别与防范。

8.4 加强贷后管理的措施

当前银行仍在快速扩张，面对未来经济下行的压力，加强银行贷后管理对夯实银行资产质量具有重要且深远的意义。相对于贷前调查与贷中评审及审批环节，银行的贷后管理相对来说更薄弱，亟须采取有效的措施来加强贷后管理，以防范未来信贷资产发生劣变的风险。

8.4.1 夯实信贷文化建设，提升贷后风险意识

自2017年以来，银行系统大案频发，大额罚单屡见不鲜。进入2018年以后，面对复杂的国内外局势，我国经济下行压力显著加大。面对金融强监管以及经济下行的态势，夯实银行信贷文化建设，提升风险防控意识显得尤其关键。一方面，要加强合规风险教育，强化员工合规意识，培育合规文化氛围；另一方面，要加强经济下行时期银行贷后管理，防范信贷资产发生劣变的风险。

2018年以来，银行陆续开展了合规知识手册学习、案例讨论、知识考试、团队竞赛等多种形式的合规教育，这对促使银行员工了解银行合规文化、强化

员工合规意识，起到了很好的“以考促学”“以赛促学”“学以致用”的作用。然而，合规风险只是银行信贷资产面临的风险之一，更重要的风险是在经济下行期银行亟须面对的借款人信用风险。尤其在漫长的贷后管理环节，随着内外部形势的变化，当初评审与审批环节的依据和前提可能已经发生变化，借款人风险升级的可能性便会显著加大，因而对借款人的违约风险要更加关注。但是，现实中却普遍存在市场人员为了通过信贷评审与审批，花费了太多精力在如何满足相关规章制度以及手续办理上，而对借款人的贷款用途、还款来源则考虑得不多，从而加大了贷款的信用风险。而一旦贷款获批发放后，客户经理通常又开始忙于新项目的拓展或其他材料的准备工作，而疏于对已发放贷款的后续跟踪监控，结果再一次推高了实质性风险，影响了银行的债权安全。

在银行的信贷实务中，每个借款人和每笔信贷业务通常或多或少都存在一些或大或小的问题与瑕疵。关键在于银行要透过纷繁复杂的表象，把控住信贷业务的实质性风险，关注借款人的实质性风险是否发生了本质的变化。实质性风险主要涉及交易背景是否真实、用途是否合规以及借款人能不能还款等问题，前两个问题是信贷的前提和底线，信贷最大的风险是借款人能否还款。借款人能否还款主要取决于企业债务负担的轻重与财务能力的强弱。一方面，借款人财务杠杆越高，债务负担越重，不能还款的可能性就会越大；另一方面，借款人偿还债务本质上要靠资产创造收入以及资产本身变现，这都与企业的资产质量紧密相关。资产创造的收入与资产创利能力及资产周转率有关，资产的变现与资产变现难易程度及变现后资产市场价值与账面价值的增值空间有关。因此，在考虑借款人实质性风险时，我们一方面要关注借款人的财务杠杆，提防其过度融资；另一方面也要关注借款人的开工率、产销率、回款率和变现率，确保借款人经营收入与净现金流可以覆盖银行贷款本息。简单概括来说，借款人的债务规模要与借款人的资产、收入、利润和经营活动产生的现金净流量相匹配。借款人的资产负债率越低、债务收入比越低、债务利润比越低、债务经营性现金流比越低，借款人的财务能力就越强，还款的可能性就越大。

而当借款人不能按期正常还本付息时，对抵质押物的处置以及保证人的追偿就显得尤其重要。抵质押和保证是目前国内银行信贷最主要的风险缓释措施，它为借款人在违约后提供了一种事后补偿机制，以降低违约损失率。一方面，合格的保证和抵质押有利于提高借款人的违约成本，降低其违约倾向和违约概率；另一方面，在借款人在违约后，通过处置抵质押物和追索保证人，可以降低借款人的违约损失率。此外，保证和抵质押通过影响借款人的违约概率和违约损失率，还可以降低贷款风险资本要求。但是，担保作为借款的补偿机制也是有局限的，不能完全依赖第二还款来源而放松了对借款人及其第一还款来源的要求。从近年来不良贷款的处置情况来看，抵质押与保证的受偿率并不高，且都面临着代偿难的问题。由于贷后时间跨度较大，期间保证人的保证能力或抵质押物的价值都可能会发生不利的变化，导致保证人代偿能力下降或抵质押率过高而无法为贷款本息提供有效的保护。另外，贷款出现风险需要处置变现时，由于无法快速寻觅到交易对手而需要折价处理，且还要付出处置成本，进而导致抵质押物的价值进一步衰减。因此，贷款发放的主要依据仍然应该是借款人的第一还款来源，抵质押及保证人担保只是作为第一还款来源的有效补充。对于抵质押物的选择要特别关注其权属是否清晰、价值是否稳定以及流动性与变现能力的强弱与否。

8.4.2　完善绩效考核机制，加强贷后检查质量

当前银行的绩效考核更偏向拓展新增贷款，对存量贷款的贷后考核相对较少。但是，在漫长的贷后阶段，正常的存量贷款劣变为不良的可能性在不断加大。而一旦劣变为不良贷款，前期的一切努力都将功亏一篑。因此，为了促进银行长期稳健经营，银行必须重视贷后管理，完善银行绩效考核机制，合理平衡短期经营指标与长期管理质量指标之间的关系。尤其在贷后检查环节，要着重对可能影响债务人还款能力的因素进行监测，把控住实质性风险。

然而，尽管银行已经制定了较完善的贷后检查管理办法，但在其后的执行

阶段往往流于形式，实质性效果较差。在贷后的例行检查中，普遍存在未落实检查、未及时检查、检查不到位等现象。而在贷后检查期间，借款人的还款能力以及抵质押担保能力可能已经下降，进而影响到银行的债权安全。因此，在贷后检查指标考核中，银行要特别关注客户经理是否及时捕捉到可能导致借款人还款能力减弱或抵质押物价值下降等信息。但是，在银行贷后检查的实际执行过程中，客户经理普遍对借款人的实质性风险揭示不够，未能及时把握客户风险的变化，甚至在贷后检查报告中填写的许多内容都是敷衍了事。这个问题一方面是由于拓展新增贷款占用了客户经理过多的时间，另一方面则是因为绩效考核指标中贷后管理权重过小而未引起充分重视。鉴于此，建议将贷后检查报告质量纳入银行绩效考核指标体系，明确贷后检查的奖惩机制，将贷后检查报告质量与客户经理的绩效、评优和晋升等挂钩，甚至可以与其所属分支机构的绩效、评优挂钩，以引起客户经理及其所属分支机构的充分重视，从而有效提升贷后检查质量，防范贷后风险。

从目前银行贷后检查的实际操作来看，客户经理为了在规定时间内填完信息，普遍存在随意填写敷衍了事的现象。这不仅起不到及时揭示实质性风险的效果，还浪费了后台贷后管理人员的大量时间进行有效信息的梳理、识别。因此，为了提升贷后检查报告的填写质量与审阅效率，建议根据银行信贷产品的主要风险类型，对贷后检查的填写模块进行分类设置，以便更有针对性地检查客户的实质性风险点。例如，针对本地房产抵押贷，设置一些在规定时间内必须填写的信息，包括当前房地产抵押状态、市场价值和借款人征信、涉诉、被执行情况，以及借款人财务报表更新、风险监控方案的执行等相对客观的信息；另外再设置包括借款人风险的变化情况、对未来房地产政策的发展、未来价格走势等相对偏主观判断的信息。通过对不同类型风险信贷业务检查填写模块的分类，引导客户经理进行风险识别，避免客户经理为了满足填写信息的完整性而随意填写敷衍了事，也便于后台风险人员判断、审阅重点信息，提高审阅效率与质量。

8.4.3 及时跟进内外部形势变化，建立自动化风险预警机制

从目前银行贷后检查的实际情况来看，客户经理开展贷后检查的精力不够、动力不足、风险识别能力较弱，因此可以尝试建立自动化风险预警机制，探索贷后风险预警专业化管理，增强对基层市场人员的专业支持，充分挖掘贷后管理的服务功能，实现贷后管理的价值增值。一方面，配置专业化的贷后管理人员，及时跟进内外部形势变化，对可能引起银行信贷资产风险劣变的宏观、中观信号进行及时预警；另一方面，建立自动化风险预警系统，捕捉关于客户风险的微观信号，及时采取有效措施化解信贷风险。

建立自动化风险预警系统，要充分利用一切手段获取与借款人、担保人和抵质押物价值等可能给银行债权带来风险的内外部信息。根据著名的海因里希法则，一起重大的伤亡事件背后，必然有29起轻度的事故以及300起潜在的隐患。贷款损失事件中也同样如此，在一起贷款形成损失之前，必然会出现很多风险苗头和预警信号，因此银行必须充分重视并及时捕捉这些信号。具体来说，一方面，要尽量争取客户在银行开立基本账户、尽可能将销售收入回笼至银行、积极争取客户及其高管层与员工在银行开立账户等，以获取关于借款人经营与现金流的真实数据；另一方面，尝试对接中国人民银行征信系统、各级法院、中国公开执行网、中登网、税务系统等外部官方系统以及“法海”“天网”等第三方风险控制大数据平台，自动实时获取最新的可靠数据，及时捕捉客户风险隐患信息。另外，通过整合获取到的关于客户经营、财务能力和媒体评价等内外部信息，对借款人的经营风险及还款能力等实质性风险进行分析判断，对触发风险点的客户及时进行预警，并将预警推送给主管客户经理、机构主管以及中后台风险管理相关人员。例如，对于抵质押物查询状态异常或价值大幅贬值的信息，要及时要求客户偿还贷款或追加银行认可的其他担保措施；对于客户涉及诉讼或纠纷的负面信息，要及时判断客户涉及诉讼或纠纷的原因、涉及金额以及对客户经营的实质影响，及早设定风险处置预案并加强跟踪

监控；对于财务报表数据显示客户财务恶化或过度融资等信息，银行要停止向其发放新增贷款，并加强对其销售回笼资金的控制，做好有序退出方案，确保债权安全。

8.4.4 加强前瞻前置管理预判，完善信贷风险全流程管理

当前银行的风险主要还是信贷风险，信贷资产规模是对银行风险管理能力的考验。近年来，随着银行信贷业务规模的不断扩大，后台风控人员相对不足。由于贷后管理面对的是银行存量贷款客户，每年的新增贷款加上以前的存量贷款不仅笔数多、金额大，且贷后检查涵盖了贷前调查、贷中评审环节的内容，这给后续的信贷风险识别与防范带来了很大的压力。为了减轻日趋繁重的贷后工作负担，提升贷后管理质量，贷后管理人员的数量及能力水平要与银行信贷业务的规模、性质、复杂程度和风险程度等相匹配，并且要加强前瞻前置管理预判，早识别、早预警、早发现、早处置。一方面，需要不断加强后台贷后风险管理人员的数量与质量，以匹配日益增长的信贷资产规模；另一方面，需要加强信贷风险全流程管理，将贷后管理思想融入信贷业务贷前、贷中的全流程中。通过信贷前端的整体布局有效分散、减轻贷后压力，在贷前、贷中环节对银行信贷业务总量、结构进行更加细致的布局。不仅要从区域、行业总量上进行布局，还要合理考虑当地经济发展、产业结构的特点，以达到合理分散风险的效果。同时，通过贷后日常监控、例行走访等进行综合分析，尽早评估识别借款人的经营风险；对获取的风险信息要及时进行预警监控，尽早确定相关的处置方案和策略，尽快处置，以防风险进一步蔓延。

9

优化提升风险识别、风险预警及风险处置能力

2020年复杂的外部经济形势，给银行的风险防控工作带来更加严峻的考验。银行要紧跟外围形势变化，以更强的危机意识去应对挑战，把前瞻前置落实到全面风险管理的各个环节，加强宏观形势和监管政策研究分析，加强行业研究、区域监测及限额管控，提升风险识别能力和管理能力；加强存量排查、隐患化解及清收消化，强化贷前调查、评审审查及授信后监测管控预防增量，不断夯实信贷风险管理基础提质增效；充分运用大数据系统、天眼系统等科技手段，实现全天候、全流程动态监测，开启风险预警科技监控新时代；完善分行各项评审机制和风险管控机制，提升分行风险管理水平和处置能力，实现关口前移和预防为先，确保资产质量保持同业优良水平。

9.1 知形辨势，前瞻前置，加强宏观形势和监管政策研究分析

9.1.1 深化宏观形势研究，提高业务风险的研判能力

当前国内经济或仍处下行周期的探底阶段，内在经济增长动力仍显不足，外部环境错综复杂，又面对突发的新型冠状疫情影响，国内经济下行压力进一步加大，企业整体的经营难度不断提升，债务违约风险上升，相对于银行业务发展和风险管理的挑战和压力亦明显上升。

形势逼人，总行应提早对2020年宏观经济形势、金融运行态势、同业动向等多维度开展研究和分析。加强当前形势对银行业务发展、风险管控等经营管理影响的全面分析，寻找新的作业方向及制定相应的风险防范策略。加大对房地产市场行情的研究，对房地产授信项目进行风险检视，为银行业务发展和风险管理提供决策参考，并结合形势预判，加强汇率风险、利率风险、

操作风险、合规风险、流动性风险、国别风险等各类风险向信用风险的传递和传导预判，做好风险防控，防止风险蔓延和扩散，有效地控制和化解风险。

9.1.2 加强监管政策研究，符合监管政策要求

2020年是国家防范化解金融风险攻坚战的收官之年，防风险、合规化、强监管依旧是监管政策的主基调。总行将持续加强监管政策研究，不断适应监管新环境、新政策、新要求，与监管政策同向而行，将监管要求转化为银行改革和发展的内生动力，及时调整风险管理政策，加强内控合规管理，强化事前控制机制，不断提升银行资产质量前瞻管控水平。

以上宏观形势和监管政策研究事宜按照“三定”[1]原则制订年度工作计划方案如表9-1所示。

表9-1 加强宏观形势和监管政策研究

一级事项	二级事项	责任部门	2020年分季度工作安排			
			第一季度	第二季度	第三季度	第四季度
加强宏观经济形势和监管政策研究分析	深化宏观形势研究，提高业务风险的研判能力	总行风险管理部、评估部、研究部等	开展宏观经济形势前瞻前置研究	—	开展宏观经济形势前瞻前置研究	—
	加强监管政策研究，与监管政策同向而行	总行风险管理部、评估部等	开展监管政策研究	—	开展监管政策研究	—

[1] 三定指的是定措施方案、定责任部门（人）、定期限进度，下同。

9.2　运筹千里，中观调控，加强行业研究、区域监测、集中度与限额管控

9.2.1　行业研究：总分行上下联动推进实用型导向的行业研究

行业研究是信贷业务调查和风险审查的起点，缺乏对行业系统和整体的了解，就难以对企业的优劣势进行充分揭露，并做出合适的信贷决策。风险管理条线持续性地保持对行业的跟踪，更新行业策略。在行业选择上，优先选择银行存量客群主要部分的行业，优先选择与新业务、新产品研究方向相关的行业，优先选择分行本地客群所属的主要行业，更加注重行业选择的实用性，贴近业务，做到行业研究为银行业务指明导向，为本地化业务提供方向。行业研究总体上以总行为主导，分行以本地行业研究为主，通过案头研究、客户实地走访、同业走访等多种方式结合，做深做实行业研究。

9.2.2　区域监测：加强区域风险动态监测和风险预警提示机制

当前国内经济仍处于新旧动能转换的新时期，区域差异分化明显，部分区域不良风险已充分暴露，不良风险可能迎来“双降”；但另外一些区域，如河南、山东等环渤海地区的信用风险可能还会持续上升一段时间。

基于区域差异的分化，总行风险管理部将加强区域风险的持续监测，通过舆情监测、区域不良率数据收集等多种方式相结合，动态掌握区域信用风险程度，对于风险程度上升区域或风险新暴露区域及时进行风险预警和提示，要求分行引起足够重视，并针对区域风险的类型和区域内相关涉及的授信企业及时开展排查和整改，同时对于区域风险暴露程度进行持续跟进，为区域政策的制定和调整提供有力的依据。

9.2.3 集中度及限额管控：行业、区域的差异化和动态管理性

总行将根据各地区经济发展水平和各行业整体前景来匹配相应授信限额和集中度管控。对经济发达地区适度扩大授信限额，对经济欠发达的地区收缩授信限额，防范信用风险和集中度风险。在行业上，将行业结构、前景与行业限额管理相结合，对国家鼓励行业适度扩大授信限额。对房地产、政府融资平台、“两高一剩”等行业，适度缩紧授信限额。在具体行业、区域限额的管控方面，结合银行实际情况，持续做好限额管控行业、区域的余额监控。同时充分利用贷款规模的有限性，合理控制限额管控行业和区域存量授信有序增长，并及时调整行业内、区域内授信企业结构，优先退出问题授信和潜在风险项目，做到同一行业、同一区域授信企业的优胜劣汰。

以上行业研究、区域监测及限额管控事宜按照“三定”原则制订年度工作计划方案如表9-2所示。

表9-2　加强行业研究、区域监测及限额管控

一级事项	二级事项	责任部门	2020年分季度工作安排			
			第一季度	第二季度	第三季度	第四季度
加强行业研究、区域监测及限额管控	推进实用型导向的行业研究	总行评估部	按照部门年度确定的行业研究任务推进；根据业务推进过程中的需要开展行业研究	按照部门年度确定的行业研究任务推进；根据业务推进过程中的需要开展行业研究	按照部门年度确定的行业研究任务推进；根据业务推进过程中的需要开展行业研究	按照部门年度确定的行业研究任务推进；根据业务推进过程中的需要开展行业研究
	加强区域风险动态监测和风险预警提示机制	总行风险管理部	2020年持续监测区域风险以及风险预警提示	2020年持续监测区域风险以及风险预警提示	2020年持续监测区域风险以及风险预警提示	2020年持续监测区域风险以及风险预警提示
	行业、区域集中度及限额管控	总行风险管理部、评估部等	持续开展行业、区域限额管控	持续开展行业、区域限额管控	持续开展行业、区域限额管控	持续开展行业、区域限额管控

9.3 质量为纲，效益立行，不断夯实信贷风险管理基础提质增效

9.3.1 强化风险排查前瞻管控，滚动开展存量授信风险排查

9.3.1.1 开展2019—2020年度新发放对公授信业务风险专项检查

贯彻“四早”[1]原则，总行风险管理部将牵头各分行开展2019—2020年新发放对公授信业务的风险检视与排查，通过排查及时发现风险隐患项目，及早采取专项整改方案，并尽快完成风险化解处置，拆弹排雷、扫除资产质量隐患。

9.3.1.2 分行权限对公和零售授信业务信用风险全面检查及监控预警

为防范信用风险于未然之中，总行风险管理部将牵头总行相关部门在各分行范围内开展分行权限对公和零售授信业务信用风险全面检查工作，并通过非现场及现场复查对分行的贷前、评审、审批和贷后全流程进行全面审查。

同时，为加强分行层面风险管理前瞻性和主动性，要求由各分行风险管理部联合评审部针对分行已获批授信进行定期监控和风险预警。

9.3.1.3 开展分行现场巡查

在总结和巩固2019年分行现场巡查经验成效的基础上，总行风险管理部将牵头总行相关部门开展2020年分行现场巡查工作，及时发现各分行在业务全生命周期过程中风险管控工作存在的问题，重点对新发现的问题和屡改屡犯的老问题要求分行从机制体制上进行整改，以及要求分行对于检查认定风险程度较高的授信客户进行风险加固或开展清退，并持续跟进问题的整改进展。

---

[1] 早识别、早预警、早发现、早处置，下同。

9.3.2 推进增量准入标准检视，制定2020年风险管理政策指引

对于2020年新增业务，总行应前瞻前置检视准入标准，制定颁发2020年风险管理政策指引，通过明确风险管理要求，设定集中度管控范围和目标，明确各类资产业务准入和退出原则等管理政策，从而确保新增加的授信业务健康、稳健发展。同时在2020年下半年及时进行管理政策指引检视，结合最新外部环境和内部管理要求适时调整和更新，保持指引的前瞻性和实用性。

9.3.3 强化清收清退工作机制，全力推进资产质量管控工作

9.3.3.1 控新化旧，加快不良授信清收和风险隐患项目化解

为确保2020年全行资产质量严守底线，总行风险管理部已在开年之初即以“首战即决战”的清收工作态度，全身心投入控新化旧工作当中，加快现有存量的不良授信清收和风险隐患项目化解，继续执行每周到每月的多层次的清收工作分级督导机制，延续“强”督进力度和“严”管控措施，将清收作为全年的重点工作贯穿推进。

坚定不移地实施“一户一策”的清收机制，对已明确清收策略的项目，加大督办力度，对尚未明确清收策略的项目，积极推动制定并明确清收策略的首选方案、次选方案和备选方案，采取司法清收、债权转让等多策并举的组合清收方式，加大不良及风险隐患项目的清收处置力度，强化清收计划与清收目标的对标管理，全力提高清收处置的时效和实效。同时进一步推动强化市场条线绩效考核与资产质量管控成效挂钩，督促逐步完善奖惩问责机制，切实提高市场条线作为风险管控第一道防线的作用，强化风险防范及管理意识，提高清收处置的积极性，加大相关责任人的问责惩罚。

9.3.3.2 消弭时灾，持续滚动开展“三清”[1]工作推进风险化解

进一步优化银行资产结构和质量，化解问题授信和潜在风险项目，总行风险管理部继续组织开展各分行开展“三清”工作，明确整改加固方式和清退方案，并通过现场和非现场方式持续督促清退工作。

同时，根据各类专项检查、贷后检查、大数据风险预警、还本付息预测管理过程中发现的潜在风险项目或问题授信客户，及时纳入清退清单中，实现清退清单的不断更新，形成清退工作的动态管理机制，并通过制定管控和处置方案，采取风险转化、提前清退等措施，在全力避免贷款逾期及形成不良的同时，力争实现银行授信结清退出。

9.3.4 两个层面建立通报机制，提升分支机构风险项目化解力度

分行层面，每月由分行风险管理部对未落实风险项目整改、风险化解与清收任务的支行名单进行整理并全分行通报，并针对问题严重、屡教不改的分支机构，上报分行管理层应暂停其业务受理，直击支行痛点。同时被通报分支机构应在每周的市场例会上向分行管理层专项汇报，明确分支机构层面整改、管理改进措施。通过通报制将整改工作提升至分行管理层面的高度，从而进一步提高市场团队管理人员的重视程度。相关通报分行应于每季度季初5个工作日内报备总行，由总行端同步考虑每季度予以全行通报批评。

总行层面，总行风险管理部应对分行各项风险项目整改、风险化解与清收工作进展保持跟进，对于重点事项应每月或按周向各分行通报工作进展并予以点评；对于整改、风险化解与清收工作进展缓慢的机构，还应牵头总行相关部门对机构酌情采取专项指导、下沉机构现场督办等措施，确保相关工作落实到位。

[1] 存量公司授信业务清退、两地通业务清退及类信贷业务清退，下同。

9.3.5 强化还本付息预测管理，实现全部授信业务类型全覆盖

加强存量授信还本付息管控，总行风险管理部将全部授信业务还本付息情况纳入预测管理范畴，在每季度末月开展逾期预测工作，确保每季度末月不新增技术性逾期项目，降低银行逾期和关注资产。同时总行风险管理部将持续跟进各机构预测和实际还款情况，对于预测情况严重偏离的分行将予以通报批评并纳入红黄绿牌评分中进行考核，以此督促分行提升风险管理能力。

9.3.6 强化舆情监测预警机制，每日风险信号监控及风险提示

总行风险管理部每日对市场信息进行舆情查询，对于不良或负面信息，从匹配对应的银行授信余额和可用授信额度入手，对涉及的分行发出风险预警单且要求相关分行提交风险情况调查结果及处置报告，并持续跟进相关分行对于预警业务的管理与处置。

每周提示人行征信系统异常情况并进行预警，对于在他行出现逾期、不良贷款异常情况的授信业务，要求涉及的分行及时落实情况，力求从同业授信支持变动的角度对信用风险是否加大进行预警及有效防范。并充分运用大数据预警系统不定期推送的借款人/担保人风险信息，下发分行要求调查落实与反馈，借助系统风险信息自动化搜集功能，加强客户负面舆情监控及预警，实现人工监测与系统运用相辅相成。

2020年总行将进一步优化对公授信客户的监控方法，结合2020年上半年上线的“天眼”一期，建立对公授信客户的预警规则和预警阈值，从财务、舆情和经营等方面，提高对公监控对象的覆盖面，实现从发债企业到非发债企业、从借款人到关联企业的全覆盖，提升数据更新的及时性、全面性，并融合天眼系统和大数据预警平台系统的规则建设与落地运用，提升风险预警的自动化和敏捷度水平，进而提高公司客户的监控预警质量。

9.3.7 强化贷前调查评审审查，提升事前信用风险识别能力

9.3.7.1 尽调及评审报告模板优化

2019年总行对国有企业、民营企业、城投制定了新的尽职调查报告和评审报告模板，模板更加聚焦各类不同主体的核心关注点，回归第一性，注重摸排主体的现金流，有效地指导了机构的尽调方向，提升尽调质量。2020年，总行将根据现行模板运行过程中存在的不足优化原有的模板，并进一步丰富模板内容和类型，以达到提质增效的效果。

9.3.7.2 开展尽调及评审能力培训

评审人员在银行资产质量控制中起到重要的作用。2020年将继续通过部门内部每周高频的集体培训、老带新、不定期外部培训等多种方式，保持部门全体评审人员对经济环境、重要行业、监管政策、信贷政策及制度、典型案例、突出风险等信息的敏感度，形成持续学习、乐于学习的氛围，打造学习型团队，提升评审专业水平。

分行应加强评审人员队伍建设，严格要求新人考试过关后上岗，并加强培训学习，在2020年每季度开展研讨分析日常业务审查中的典型案例，总结经验和不足，同时总行应为分行评审人员队伍的建设提供支援，如分行风险评审人员到总行轮岗、总行定期对分行进行培训、材料信息共享等，共同打造一支高标准、高素质的风险评审队伍。

9.3.8 强化年审进展通报机制，发挥年审风险控制的重要作用

为进一步完善银行年审管理机制，总行组织专人督进各分行按照规定制度推动年审，要求机构从2019年6月起每月上报的总行权限在未来三个月内按照制度要求对应进行年审的敞口业务项目清单进行逐笔督进，判断银行贷款的安全性，以便提前采取应对措施，狠抓制度落实，提升执行力，并对各分行存量项目的风险进行提前预判，对于风险较大的项目及时提醒分行提前进行调查和

决策，实现风险管理前瞻前置。2020年将持续开展总行权限公司授信业务年审项目督进，从上报时效、上报质量、风险研判等方面加强对各分行年审项目督进，为风险预判提供支撑。

9.3.9 完善贷后质量提升机制，加强授信后管理风险预防的作用

9.3.9.1 践行制度先行，完善银行现行授信后管理办法

为适应银行业务发展和风险管理要求，2020年总行风险管理部将践行制度先行，对现行授信后管理办法进行修改，进一步明确各项授信后管理规范，将市场条线授信后管理通报制、专责制等有力机制完善至管理办法当中，并对贷后评分标准和考核机制进行调整，以使贷后评分标准和考核规则更加科学合理、更具有可执行性，并进一步明确问责要求，通过奖优罚劣激励分行不断提高授信后管理水平。

9.3.9.2 建立分行授信后检查质量提升机制

为加强分行授信后管理工作，切实改变分行当前“重贷轻管”现象，有效解决贷后管理工作中存在的贷后时效性不强、报告质量较差等突出问题。要求分行根据总行风险管理部制定如下具体要求，拟定分行端授信后检查质量提升机制实施方案，将提升工作落到实处。

其一，优化授信后管理工作在考核体系中的比重，提升市场端重视度。为从源头处防范授信后检查不良现象，完善日常授信检查工作，应将贷后报告评分纳入机构对风险管理条线、市场条线的考核体系，要求分行应尽快完善考核标准、建立健全提升考核执行机制，确保市场端对授信后管理重视度的提升。

其二，建立统一的贷后管理规范，优化管理要求标准。对于当前贷后管理中普遍存在的财务数据滞后、抵押物查册未落实、舆情信息披露不足、走访真实性佐证力度差等问题，要求分行进一步统一梳理贷后管理要求规范，并及时下达市场端，明确不同业务项下的具体要求和管理措施，做到信息及时更新督

进、标准设立统一了然，力争杜绝贷后报告分析流于形式、风险披露不足的问题。同步要求分行结合此前总行各项相关检查要求，建立健全各项授信后管理领域执行情况台账，提升管理效率，优化管理体系，加强对授信后管理执行情况的及时监控及披露。

其三，优化授信后管理人员体系架构，提升人员与资源投入度。分行应继续梳理优化授信后管理体系与人员安排，力争改善目前风险管理条线授信后管理责任人员过于集中且与清收责任挂钩、责任重合度高等局面，特别应压实市场端责任人的责任，加强落实与监督，并切实与业务限制、下沉管理和通报述职等惩戒相结合。同时，也要进一步加大资源倾斜力度，抓紧落实补充风险管理条线人员缺口，并针对相关人员能力及经验情况及时作出评估，选能用贤、裨补缺漏，用活用好风险经理机制，进一步统筹优化工作方式，确保资源投入充足、管理全面到位。

其四，建立贷后管理专项培训机制。分行风险管理部定期对分行市场条线人员、风险管理条线贷后审核人员进行贷后管理专项培训，结合优秀案例和较差案例对如何规范贷后走访及发现和揭示风险问题进行介绍，提高市场及风险管理条线员工贷后管理能力及思想重视度。

9.3.9.3 建立贷后分层管理机制

要求分行风险管理部对存量项目根据风险隐患及集中度程度定期进行分级，对于不同风险隐患级别的存量客户在贷后走访频率、层级、力度上进行区分，重点关注高风险隐患及高集中度客户的情况。同时，定期对分级情况进行回溯更新，确保分层合理性。

分行风险管理部对存量客户进行梳理，将大额敞口授信、问题授信、展期有银行逾期欠息记录、风险提示等客户及其关联企业列为重点关注对象，形成贷后管理的重点清单，加强对重点清单内项目的贷后管理力度。

其一，提高贷后走访频率：要求对于贷后重点清单内项目定期走访频率不得低于每月一次，其余项目应严格按审批要求定期走访。

其二，风险及市场条线双人走访：要求对于贷后重点清单内项目，贷后走访应有分行风险管理部贷后管理专员（设置风险经理的分行，由风险经理走访）参与，必要时应由分行风险管理条线主管参与走访。风险经理需在完成走访后，5个工作日内提交独立的贷后走访分析报告；对于因贷后走访不尽职导致银行项目出现授信风险的，应对责任风险经理及市场人员进行追责。

其三，提升贷后走访成效：要求贷后走访应严格落实留痕管理，提交相应的走访照片、行程单、定位截图、现场视频等佐证材料，加强走访真实性管理；同时选择性走访借款人的上下游客户、行业组织、政府部门或其竞争对手，通过交叉印证，避免听信借款人的一家之言，提高贷后管理的有效性。

其四，重大风险事项汇报机制：对于贷后走访或日常舆情监控发现重大风险信号的，分行风险管理部贷后管理专员或风险经理应在当日对存在的风险舆情向分行风险管理条线主管、分管行领导进行简要汇报，并在3个工作日内完成风险分析报告及风险化解建议，经分行分管行领导审核后报送总行。

9.3.10 优化完善风险经理机制，全面提升贷后风险预警的有效性

加强银行对公授信业务贷后检查的管理，确保贷后检查在信用风险管理中发挥有效风险监控和预警作用。在2019年试行风险经理制的基础上，力争2020年第一季度分行风险经理基本到位，并根据业务增长逐步补充，同时加快实施方案的拟定和人员配备，确保2020年实现分行全部按需配置必要、合格的风险经理，由风险经理专门对接或者驻点挂钩分行辖内分支行针对性地开展贷后管理工作，充分发挥风险经理的丰富经验、专业性和职业敏感度，对走访客户进行全面风险评估判断，及时揭示可能存在的风险问题和预警信息，并采取有效措施尽早退出，全面提升分行贷后管理、风险监控预警的有

效性，提高授信资产的可见性和安全性，有效遏制问题贷款和不良资产频发的势头。

9.3.11 强化潜在风险项目管理，建立联合走访和专项走访机制

9.3.11.1 建立分行潜在风险项目联合走访机制

为进一步加强潜在风险项目管理，在分行实行联合走访机制，具体要求如下。

其一，识别潜在风险项目：分行风险管理部每季度对存量客户清单进行梳理，列为潜在风险的项目安排联合走访。

其二，确定项目尽调清单：要求走访前市场团队应与分行风险管理条线走访人员就项目基本情况进行沟通交流，市场团队应提交走访拟落实的尽调事项，分行风险管理条线走访人员需根据项目情况及风险研判对市场团队提交的尽调清单进行补充完善。

其三，尽调联合走访，双线报告：由市场及风险管理条线人员对客户进行尽调走访，落实尽调清单中列示的事项，并各自向分行管理层提交专项走访报告。对于风险管理条线专项报告提出的风险隐患事项，若市场条线未在尽调中进行说明揭示，且存在刻意隐瞒的情况，应给予惩处。

9.3.11.2 重大特殊项目总分行专项项目小组机制

对于总行权限的重大特殊项目，经总行讨论同意后，由总分行风险管理条线、分行市场条线分别安排骨干人员组成项目专项小组，专门负责项目的尽职调查及风险评估工作，以及风险隐患化解过程中各环节的沟通，提高风险隐患项目的推进效率，实现风险隐患项目的“早部署、早处置”。

以上夯实信贷风险管理基础提质增效事宜按照“三定”原则制定年度工作计划方案如表9-3所示。

表9-3 不断夯实信贷风险管理基础提质增效

一级事项	二级事项	责任部门	2020年分季度工作安排			
			第一季度	第二季度	第三季度	第四季度
质量为纲、效益立行，不断夯实信贷风险管理基础提质增效	开展2019—2020年度新发放对公授信业务风险专项检查	总行风险管理部	开展2019年新发放授信业务检查	跟进检查整改	开展2020年上半年新发放授信业务检查	跟进检查整改
	分行权限对公及零售授信业务信用风险全面检查及监控预警	总行风险管理部	根据业务风险情况酌情确定频率	根据业务风险情况酌情确定频率	根据业务风险情况酌情确定频率	根据业务风险情况酌情确定频率
	开展五大分行现场巡查	总行风险管理部	—	开展2~3家分行的现场巡查工作	开展剩余分行的现场巡查工作；跟进已完成巡查分行的整改进展	跟进分行现场巡查整改进展
	制定2020年风险管理政策指引	总行风险管理部	制定及颁发2020年风险管理政策指引	—	及时检视，适时制定2020年下半年风险管理政策指引	—
	优化清收清退工作机制	总行风险管理部	每周召开资产质量优化督导会议持续督进不良资产清收和风险隐患项目化解；每周督进“三清”工作	每周召开资产质量优化督导会议持续督进不良资产清收和风险隐患项目化解；每周督进“三清”工作	每周召开资产质量优化督导会议持续督进不良资产清收和风险隐患项目化解；每周督进“三清”工作	每周召开资产质量优化督导会议持续督进不良资产清收和风险隐患项目化解；每周督进“三清”工作

续表

一级事项	二级事项	责任部门	2020年分季度工作安排			
			第一季度	第二季度	第三季度	第四季度
质量为纲、效益立行，不断夯实信贷风险管理基础提质增效	建立总分行两个层面通报机制	总行风险管理部、分行风险管理部	分行层面，分行风险管理部每月对未落实风险项目整改、风险化解与清收任务的支行名单进行整理并全分行通报；总行层面，总行风险管理部每月向各分行通报工作进展并予以点评	分行层面，分行风险管理部每月对未落实风险项目整改、风险化解与清收任务的支行名单进行整理并全分行通报；总行层面，总行风险管理部每月向各分行通报工作进展并予以点评	分行层面，分行风险管理部每月对未落实风险项目整改、风险化解与清收任务的支行名单进行整理并全分行通报；总行层面，总行风险管理部每月向各分行通报工作进展并予以点评	分行层面，分行风险管理部每月对未落实风险项目整改、风险化解与清收任务的支行名单进行整理并全分行通报；总行层面，总行风险管理部每月向各分行通报工作进展并予以点评
	强化还本付息预测管理	总行风险管理部	每季度末月开展还本付息预测工作，每日持续开展逾期管理工作	每季度末月开展还本付息预测工作，每日持续开展逾期管理工作	每季度末月开展还本付息预测工作，每日持续开展逾期管理工作	每季度末月开展还本付息预测工作，每日持续开展逾期管理工作
	公司舆情监控、风险预警机制	总行风险管理部	每日风险信号监控及风险提示	每日风险信号监控及风险提示	每日风险信号监控及风险提示	每日风险信号监控及风险提示
		总行风险管理部、评估部	配合开发天眼预警系统，通过“天眼”预警系统实现公司客户、底层资产的监控自动化，及时对风险信息进行预警	配合开发天眼预警系统，通过“天眼”预警系统实现公司客户、底层资产的监控自动化，及时对风险信息进行预警	配合开发天眼预警系统，通过“天眼”预警系统实现公司客户、底层资产的监控自动化，及时对风险信息进行预警	配合开发天眼预警系统，通过“天眼”预警系统实现公司客户、底层资产的监控自动化，及时对风险信息进行预警；2020年四季度末前完成

续表

一级事项	二级事项	责任部门	2020年分季度工作安排			
			第一季度	第二季度	第三季度	第四季度
质量为纲、效益立行，不断夯实信贷风险管理基础提质增效	尽调及评审报告模板优化	总行风险管理部、评估部	1.确定总行评估部评审意见的表述方式 2.制定供应链金融业务、担保公司、并购类业务、资管类业务的信贷报告及评审报告模板	视各个条线实际业务开展过程中的需要进行模板优化工作	视各个条线实际业务开展过程中的需要进行模板优化工作	视各个条线实际业务开展过程中的需要进行模板优化工作
	开展尽调及评审能力培训	总行风险管理部、评估部	按照条线、处室每周进行内部例会培训	按照条线、处室每周进行内部例会培训	按照条线、处室每周进行内部例会培训	按照条线、处室每周进行内部例会培训
	持续开展总行权限年审项目进展通报机制	总行风险管理部、评估部	督促机构每月上报年审项目上报情况、办结情况及处置策略。每月根据机构反馈数据，对各分行年审项目的管理情况进行点评和通报	督促机构每月上报年审项目上报情况、办结情况及处置策略。每月根据机构反馈数据，对各分行年审项目的管理情况进行点评和通报	督促机构每月上报年审项目上报情况、办结情况及处置策略。每月根据机构反馈数据，对各分行年审项目的管理情况进行点评和通报	督促机构每月上报年审项目上报情况、办结情况及处置策略。每月根据机构反馈数据，对各分行年审项目的管理情况进行点评和通报

续表

一级事项	二级事项	责任部门	2020年分季度工作安排			
			第一季度	第二季度	第三季度	第四季度
质量为纲、效益立行，不断夯实信贷风险管理基础提质增效	完善本行现行授信后管理办法	总行风险管理部	一季度完成授信后管理办法发文	开展授信后管理办法制度培训工作	—	—
	建立分行端授信后检查质量提升机制	总行风险管理部	牵头分行风险管理部完成授信后检查质量提升机制的建立	跟进分行端授信后检查质量提升机制执行情况	跟进分行端授信后检查质量提升机制执行情况	跟进分行端授信后检查质量提升机制执行情况
	建立存量项目贷后分层管理机制	分行风险管理部	每季度对分行存量授信业务进行梳理，筛选出需重点关注的项目清单，对重点关注项目每月实行风险及市场条线双人贷后走访，重点关注企业现金流的变动情况，并及时汇报发现的重大风险事项	每季度对分行存量授信业务进行梳理，筛选出需重点关注的项目清单，对重点关注项目每月实行风险及市场条线双人贷后走访，重点关注企业现金流的变动情况，并及时汇报发现的重大风险事项	每季度对分行存量授信业务进行梳理，筛选出需重点关注的项目清单，对重点关注项目每月实行风险及市场条线双人贷后走访，重点关注企业现金流的变动情况，并及时汇报发现的重大风险事项	每季度对分行存量授信业务进行梳理，筛选出需重点关注的项目清单，对重点关注项目每月实行风险及市场条线双人贷后走访，重点关注企业现金流的变动情况，并及时汇报发现的重大风险事项

续表

一级事项	二级事项	责任部门	2020年分季度工作安排			
			第一季度	第二季度	第三季度	第四季度
质量为纲、效益立行，不断夯实信贷风险管理基础提质增效	优化完善风险经理机制	总行风险管理部	跟进各分行风险经理人员配备情况	结合分行巡查跟进各分行风险经理人员配备情况，检视风险经理机制运行状况	结合分行巡查跟进各分行风险经理人员配备情况，检视风险经理机制运行状况	—
	建立潜在风险项目联合走访机制	分行风险管理部、分行各市场团队	根据潜在风险项目情况，安排风险管理条线人员与市场条线人员进行尽调联合走访，并分别提交尽调报告	根据潜在风险项目情况，安排风险管理条线人员与市场条线人员进行尽调联合走访，并分别提交尽调报告	根据潜在风险项目情况，安排风险管理条线人员与市场条线人员进行尽调联合走访，并分别提交尽调报告	根据潜在风险项目情况，安排风险管理条线人员与市场条线人员进行尽调联合走访，并分别提交尽调报告
	形成重大特殊项目总分行专项项目小组机制	总行风险管理部与评估部、分行市场团队	对总行权限的重大特殊项目，经总行风险管理条线讨论同意后，由总分行风险管理条线、分行市场条线分别安排骨干人员组成项目专项小组，专门负责项目的尽职调查及风险评估工作，以及风险隐患化解过程中各环节的沟通	对总行权限的重大特殊项目，经总行风险管理条线讨论同意后，由总分行风险管理条线、分行市场条线分别安排骨干人员组成项目专项小组，专门负责项目的尽职调查及风险评估工作，以及风险隐患化解过程中各环节的沟通	对总行权限的重大特殊项目，经总行风险管理条线讨论同意后，由总分行风险管理条线、分行市场条线分别安排骨干人员组成项目专项小组，专门负责项目的尽职调查及风险评估工作，以及风险隐患化解过程中各环节的沟通	对总行权限的重大特殊项目，经总行风险管理条线讨论同意后，由总分行风险管理条线、分行市场条线分别安排骨干人员组成项目专项小组，专门负责项目的尽职调查及风险评估工作，以及风险隐患化解过程中各环节的沟通

9.4 科技赋能，数据驱动，共同开启风险预警科技监控新时代

9.4.1 全程跟踪，以业务为中心风险预警

目前，大数据风险预警工作已形成了100余条预警规则，天眼系统的建设也在有序推进。银行应充分应用、整合大数据预警建设成果，积极推动天眼系统建设，通过持续优化或设置合理、充足、有效的风险预警指标进行风险的监测、追踪及预警处理。在接入丰富的外部数据源的同时，深入挖掘和利用内外部数据的功能和潜能，为银行风险管理提供科技手段、累积数据资源，实现各类风险预警的全面化、自动化、远程化和实时化。

9.4.1.1 贷前调查

在当前贷前调查主要是借助客户提交资料、深入现场走访调查或人工查询相关外部数据等方式的作业模式基础上，基于大数据平台及天眼系统主动收集、查询及分析各类信息，如司法信息、工商信息、投资情况等数据，建立对客户更立体全面的调查，提升贷前调查效率和信息掌握的全面性。

9.4.1.2 贷中审查

考虑到部分风险信息属于动态信息，在贷款审查阶段客户信息若较授信上报时已发生变化，则可能存在风险状况，基于系统实现最新风险相关数据的更新及提示，及时披露可能存在的相关风险点，确保授信风险的全流程监控，及时做出预判及处置。

9.4.1.3 贷后监测

基于系统风险预警功能，实现通过设定一系列贷后监控规则、策略监测客户风险信号，如履约情况、担保情况、偿债能力、资金流向、企业账户信息等，寻找客户与相关信息间的风险关联并提取异常信息。总分行相关条线人员可及时追踪和干预异常信息，了解客户动态，防范潜在风险，降低风险损失。

此外，通过深度挖掘关联信息、网络信息、行业动态、监管机构和政府信息等数据，提取客户组织、经营、管理等各方面的负面信息，并跟进风险信号识别及可能的风险处置。

9.4.2 按图索骥，以客户为中心风险视图

基于天眼系统相关预警功能，实现结合银行内部数据及外部数据如客户公司治理、财务信息、关联图谱、纳税信息、风险舆情、征信等信息，发掘与客户信用风险相关的预警信号并通过模型，形成“以客户为中心”的风险视图。以客户为中心开展数据收集、分析和挖掘，将客户的风险状况统一展示，重点突出且避免遗漏，减少风险管理过程中因信息不对称产生的威胁，争取真正做到全方位防范风险，强化风险管理工作的质量和水平。

9.4.3 信用评级，研究内部评级体系及定价精细化

在2020年内聘请外部内评咨询服务机构，提供核心的模型开发及配套服务，由银行人员全程深度参与并配合提供银行具体业务和风险管理需求。在外部系统厂商的配合下建立或更新公司客户信用评级系统的具体实施方式。充分利用市场现有成熟经验，建立完善的公司授信信用评级体系及系统，为进一步细化公司客户准入提供量化基础，并为授权、精细化定价等后续高层级运用打下基础，实现信用风险管理的精细化、标准化及可量化。

9.4.4 天眼计划，加快推进天眼系统建设

“天眼”系统的建设可以提高风险监控预警的系统性、完整性、及时性、准确性，全面提升银行风险预警能力。“天眼”系统将为银行风险的管理提供科技手段、累积数据资源，实现各类风险预警的全面化、自动化、远程化和实时化。同时，自动化和可视化将大幅提高科技管理的质量水平，将“天眼”系统作为全行风险预警大脑，对全行资产开展全景式风险扫描诊断，全天候实施动

态监控。

9.4.4.1 2020年上半年上线“天眼”一期

基于行内专家经验、监管要求、行业规律等设置相应的预警规则和预警阈值，包括不限于客户财务监测、经营监测、舆情监测、集中度风险监测等，实现全天候实时动态监控。按照“天眼”系统要求整理行内外数据，形成标准化数据，实现内外部数据整合，并将风险指标通过大屏幕展示，完成风险指标可视化建设。

9.4.4.2 2020年年底上线“天眼”二期

在一期基础上进一步丰富和优化预警规则的同时，提高预警的有效性和准确性。根据一期上线运行情况，丰富和完善一期相关功能，在一期的对公预警功能的基础上将相关模块拓展到同业、零售、资管等方向，并根据实际情况扩展到境内外业务，实现对所有重点资产的全天候动态监测。在丰富接入的外部数据源的同时，深入挖掘和利用内外部数据的功能和潜能。

以上风险预警科技监控事宜按照“三定”原则制订年度工作计划方案如表9–4所示。

表9–4 加强风险预警科技监控

一级事项	二级事项	责任部门	2020年分季度工作安排			
			第一季度	第二季度	第三季度	第四季度
科技赋能、数据驱动，共同开启风险预警科技监控新时代	按图索骥，以客户为中心风险视图	总行风险管理部、评估部等	推进天眼项目建设	推进天眼项目建设，其中对公部分于2020年6月上线	推进天眼项目建设	2020年年底零售部分上线，完成天眼系统建设
	内部评级系统建设	总行风险管理部、评估部等	1.完成对公客户信用风险内部评级体系项目立项 2.完成咨询服务商招标、选聘、进场 3.完成评级体系框架设计阶段工作	对公内评模型评级数据准备，含收集，整理，清洗，补录等工作	完成数据准备，推进评级模型建设开发、验证、校准；完成系统实施立项及厂商选聘	咨询阶段完成系统需求设计、评级制度架构设计、评级运用方案建议、咨询成果交付及完成；系统按照评级咨询成果完成初步搭建

续表

一级事项	二级事项	责任部门	2020年分季度工作安排			
			第一季度	第二季度	第三季度	第四季度
科技赋能、数据驱动，共同开启风险预警科技监控新时代	天眼系统建设	总行风险管理部、评估部等	天眼一期第一阶段上线试运行，主要上市公司财务、舆情预警	天眼一期正式上线，主要涉及对公预警	完善一期预警功能，开发二期预警系统	天眼二期上线，预警范围拓展至同业、零售、资管

9.5 关口前移，预防为先，加强分行风险防控意识和处置能力

9.5.1 构建贷前尽调质量监督管控机制

贷前尽职调查质量与资产质量直接相关，按照全面质量管理专题研究会议的要求，2020年总行将通过贷前调查负面清单机制及贷前调查质量提升方案提升分行贷前尽职调查质量，具体工作机制如下。

9.5.1.1 构建客户经理贷前调查负面清单机制

对于发现存在贷前调查质量较差的客户经理进行预警提示；对于一定期间内收到预警提示次数达到一定数量的客户经理，还应限制其新业务上报资格，并要求相关客户经理重新参加培训与考核，考核通过后方可恢复其新业务上报资格。

9.5.1.2 贷前调查质量提升方案

目前客户经理贷前调查质量普遍不高，总行评审部将结合分行巡查情况、分行历史审批项目质量抽查情况、现场走访管理和调研培训中发现的问题，提出市场条线对贷前调查系统提升方案，从合规文化教育、业务技能培训、考核管理等方面进一步加强市场条线对贷前调查工作的重视程度，分行管理层定期检视评估，并针对性形成协同方案，上下协同从根本上提升分行权限授信质量。

9.5.2 完善分行授信评审专业岗位设置

在当前分行房产抵押类贷款、经营性物业贷款业务量不断增加，以及外部监管力度持续加大的情况下，目前部分分行评审部尚未能配备专门的合规岗评审人员及抵押岗评审人员，导致项目合规评审及抵押物评审的能力薄弱，无法满足分行业务发展的需求，并且导致部分项目存在合规隐患。要求尚未设置合规评审、抵押物评审专岗的分行，应加大具备法律背景、资产评估背景人才的招聘力度，尽快充实风险评估条线人力资源，设置合规评审专岗、抵押物评审专岗，提高项目合规评审及抵押物评审的专业水平。

9.5.3 优化分行授信评审能力培训体系

当前总行已按月对分行评审条线组织培训，取得了一定的成效，2020年总行将更加注重分行培训机制的完善，并通过总分行联动提高分行评审条线队伍的素质。

分行应为授信评审能力优化的主力队伍，建立内部培训机制，不可因业务压力放弃培训与学习，包括制度学习、风险案例学习、评审技能、新产品等，以适应业务发展的需要。

总行层面定期组织分行评审人员培训，在集中脱产培训难度较大的情况下，可以抽调分行评估部人员到总行轮训的方式以战代训，帮助分行培养专业人员，共享总分行经验。

9.5.4 强化分行权限项目抽查工作机制

2020年在分行评审质量管理方面，总行将通过以下方面提升分行风险评估条线的专业能力和战斗力，守好资产质量管理的重要关口。

9.5.4.1 定期抽检

继续开展每季度的分行评审审批权限项目评审质量检查，加大在评审质量抽查方面的人员和时间投入，从项目类型、区域和风险特征等多维度进行综合考虑，增加抽查项目的针对性，防微杜渐，及时纠偏。

9.5.4.2　整改措施跟进

针对抽查发现的问题，要求分行及时进行整改，反馈整改措施和整改进度，每季度跟进整改进度。

9.5.4.3　季度例会

每季度组织分行风险评估条线会议，及时沟通和交流作业中存在的问题、探讨解决方式。

9.5.5　建立长效的分行风险监控预警机制

建立长效的分行风险监测预警机制，有助于分行主动加强风险预防意识，积极贯彻“四早”原则，持续开展风险监控、风险预警工作，从而实现关口前移、风险前置。要求各分行风险管理部联合各部门，牵头分行市场条线针对分行已获批授信项目进行定期监控和风险预警，并于每季度将上个季度预警监测总结报告提交至总行风险管理部，如有发现重大风险隐患授信项目还需以专项报告形式一并提交，形成长效机制，预警、防范授信风险。

9.5.6　强化市场人员风险意识和处置能力

市场团队人员是授信业务风险防控的第一道防线，分行应加强市场人员的风险意识、风险应对能力，切实发挥市场人员风险防控的主体作用。

9.5.6.1　开展针对性培训与考核，快速强兵提升战斗力

实施市场团队风险识别、评判、授信管理的技能培训和考试，检验客户经理对尽调方法、信贷报告模板及本行主要制度的熟悉程度，定期对市场部门进行项目上报规范化、新产品、新模板、贷后走访培训，检验客户经理对授信项目上报要求、信贷报告、贷后走访分析报告模板的熟悉程度。

9.5.6.2 风险项目回溯总结与案例学习，持续灌输风险防范意识

针对风险项目，分行评审部应定期与风险管理部交流风险暴露或形成不良的成因，总结并汲取经验教训，整理形成风险项目案例，通过市场团队周例会、专项培训等形式，组织风险项目案例学习，并与市场团队进行充分的讨论，帮助和指导市场人员提升风险防范意识，提高风险识别能力和风险处置能力。

9.5.7 建立完善的分行风险自我评估机制

建立完善的分行风险自评估机制，有利于各分行自行揭露问题、挖掘自身潜力，提升自我风险管控能力。要求各分行管理层牵头，结合审批权限下放以来的分行业务进行审批工作检视，系统性评估目前相应机制的执行情况，包括区域业务研究与创新、客群定位、贷前调查、评审审批、贷后管理、不良清收等方面，进而评价在人员配置、制度建设、流程规范、考核标准中哪方面是可能影响分行权限业务风险失控的核心事项，针对性地提出完善机制，以确保分行权限业务在质量保障的前提下得以健康发展。另外，就分行风险自评估提出的问题，每半年回溯改进情况，发现是否定位准确以及是否有新的问题出现。

以上加强分行风险防控意识和处置能力事宜按照“三定”原则制订年度工作计划方案如表9–5所示。

综上所述，优化提升风险识别、风险预警及风险处置能力相关事项，请总分行相关责任部门按照“三定”原则落实责任人，并于每季度末将方案执行情况反馈至总行相关部门负责人处，总行相关部门将按照相关制度办法给予评价确定绩效。具体部门负责事项分类确认如下。

总行风险管理部优化提升风险识别、风险预警及风险处置能力相关事项如表9–6所示。

总行评估部优化提升风险识别、风险预警及风险处置能力相关事项如表9–7所示。

表9-5　加强分行风险防控意识和处置能力

一级事项	二级事项	责任部门	2020年分季度工作安排			
			第一季度	第二季度	第三季度	第四季度
加强分行风险防控意识和处置能力	构建贷前尽调质量监督管控机制	总行人力资源部、评估部	拟定管控机制并增加客户管理系统需求	机制试运行	正式开始执行	正式开始执行
	完善分行授信评审专业岗位设置、优化分行评审能力培训体系	分行评估部为主，总行评估部为辅	1.分行评估部建立完备的评审队伍及评审梯队，补足合规评审人员并提高素质 2.结合工作强度视情况抽调分行评审人员到总行轮岗 3.每季度总分行评估条线例会聚焦风险管理条线的主要问题 4.每季度管理人员及分行对接处长现场走动管理，对接分行需求	1.分行评估部建立完备的评审队伍及评审梯队，补足合规评审人员并提高素质 2.结合工作强度视情况抽调分行评审人员到总行轮岗 3.每季度总分行评估条线例会聚焦风险管理条线的主要问题 4.每季度管理人员及分行对接处长现场走动管理，对接分行需求	1.分行评估部建立完备的评审队伍及评审梯队，补足合规评审人员并提高素质 2.结合工作强度视情况抽调分行评审人员到总行轮岗 3.每季度总分行评估条线例会聚焦风险管理条线的主要问题 4.每季度管理人员及分行对接处长现场走动管理，对接分行需求	1.分行评估部建立完备的评审队伍及评审梯队，补足合规评审人员并提高素质 2.结合工作强度视情况抽调分行评审人员到总行轮岗 3.每季度总分行评估条线例会聚焦风险管理条线的主要问题 4.每季度管理人员及分行对接处长现场走动管理，对接分行需求

续表

一级事项	二级事项	责任部门	2020年分季度工作安排			
			第一季度	第二季度	第三季度	第四季度
加强分行风险防控意识和处置能力	推进分行权限项目抽查工作	总行评估部	每季度对分行权限评审项目的评审质量抽查回溯，对上报资料和评审进行规范化，对机构在项目评审中存在的不当做法予以提示和纠正，将检查发现的问题和需提示分行关注要点形成专项报告，提出管理建议并要求后续整改措施	每季度对分行权限评审项目的评审质量抽查回溯，对上报资料和评审进行规范化，对机构在项目评审中存在的不当做法予以提示和纠正，将检查发现的问题和需提示分行关注要点形成专项报告，提出管理建议并要求后续整改措施	每季度对分行权限评审项目的评审质量抽查回溯，对上报资料和评审进行规范化，对机构在项目评审中存在的不当做法予以提示和纠正，将检查发现的问题和需提示分行关注要点形成专项报告，提出管理建议并要求后续整改措施	每季度对分行权限评审项目的评审质量抽查回溯，对上报资料和评审进行规范化，对机构在项目评审中存在的不当做法予以提示和纠正，将检查发现的问题和需提示分行关注要点形成专项报告，提出管理建议并要求后续整改措施
	建立长效的分行风险监控预警机制	分行风险管理部、评估部为主，总行风险管理部为辅	2020年持续进行（已下发建立分行风险监测预警机制的通知）	2020年持续进行	2020年持续进行	2020年持续进行

续表

一级事项	二级事项	责任部门	2020年分季度工作安排			
			第一季度	第二季度	第三季度	第四季度
加强分行风险防控意识和处置能力	强化市场人员风险意识和处置能力	各分行人力资源部、风险管理部、评估部	每季度由分行人力资源部开展业务技能及授信项目上报规范培训；每季度由分行风险管理部和评估部开展风险项目回溯和案例分享	每季度由分行人力资源部开展业务技能及授信项目上报规范培训；每季度由分行风险管理部和评估部开展风险项目回溯和案例分享	每季度由分行人力资源部开展业务技能及授信项目上报规范培训；每季度由分行风险管理部和评估部开展风险项目回溯和案例分享	每季度由分行人力资源部开展业务技能及授信项目上报规范培训；每季度由分行风险管理部和评估部开展风险项目回溯和案例分享
	建立完善的分行风险自我评估机制	各分行管理层	完成分行业务审批工作的首次检视，系统性评估目前分行各项机制的执行情况	—	每半年回溯改进情况，开展新一轮的自评估	—

表9-6 总行风险管理部负责事项

一级事项	二级事项	2020年分季度工作安排			
		第一季度	第二季度	第三季度	第四季度
加强宏观经济形势和监管政策研究分析	深化宏观形势研究，提高业务风险的研判能力	开展宏观经济形势前瞻前置研究	—	开展宏观经济形势前瞻前置研究	—
	加强监管政策研究，与监管政策同向而行	开展监管政策研究	—	开展监管政策研究	—
加强行业研究、区域监测及限额管控	加强区域风险动态监测和风险预警提示机制	2020年持续监测区域风险并及风险预警提示	2020年持续监测区域风险并及风险预警提示	2020年持续监测区域风险并及风险预警提示	2020年持续监测区域风险并及风险预警提示
	行业、区域集中度及限额管控	持续开展行业、区域限额管控	持续开展行业、区域限额管控	持续开展行业、区域限额管控	持续开展行业、区域限额管控
质量为纲、效益立行，不断夯实信贷风险管理基础提质增效	开展2019—2020年度新发放对公授信业务风险专项检查	开展2019年新发放授信业务检查	跟进检查整改	开展2020年上半年新发放授信业务检查	跟进检查整改
	分行权限对公及零售授信业务信用风险全面检查及监控预警	根据业务风险情况酌情确定频率	根据业务风险情况酌情确定频率	根据业务风险情况酌情确定频率	根据业务风险情况酌情确定频率
	开展五大分行现场巡查	—	开展2~3家分行的现场巡查工作	开展剩余分行的现场巡查工作；跟进已完成巡查分行的整改进展	跟进分行现场巡查整改进展

续表

一级事项	二级事项	2020年分季度工作安排			
		第一季度	第二季度	第三季度	第四季度
质量为纲、效益立行，不断夯实信贷风险管理基础提质增效	制定2020年风险管理政策指引	制定及颁发2020年风险管理政策指引	—	及时检视，适时制定2020年下半年风险管理政策指引	—
	优化清收清退工作机制	每周召开资产质量优化督导会议持续督进不良资产清收和风险隐患项目化解；每周督进“三清”工作	每周召开资产质量优化督导会议持续督进不良资产清收和风险隐患项目化解；每周督进“三清”工作	每周召开资产质量优化督导会议持续督进不良资产清收和风险隐患项目化解；每周督进“三清”工作	每周召开资产质量优化督导会议持续督进不良资产清收和风险隐患项目化解；每周督进“三清”工作
	建立总分行两个层面通报机制	分行层面，分行风险管理部每月对未落实风险项目整改、风险化解与清收任务的支行名单进行整理并全分行通报；总行层面，总行风险管理部每月向各分行通报工作进展并予以点评	分行层面，分行风险管理部每月对未落实风险项目整改、风险化解与清收任务的支行名单进行整理并全分行通报；总行层面，总行风险管理部每月向各分行通报工作进展并予以点评	分行层面，分行风险管理部每月对未落实风险项目整改、风险化解与清收任务的支行名单进行整理并全分行通报；总行层面，总行风险管理部每月向各分行通报工作进展并予以点评	分行层面，分行风险管理部每月对未落实风险项目整改、风险化解与清收任务的支行名单进行整理并全分行通报；总行层面，总行风险管理部每月向各分行通报工作进展并予以点评
	强化还本付息预测管理	每季度末月开展还本付息预测工作，每日持续开展逾期管理工作	每季度末月开展还本付息预测工作，每日持续开展逾期管理工作	每季度末月开展还本付息预测工作，每日持续开展逾期管理工作	每季度末月开展还本付息预测工作，每日持续开展逾期管理工作

续表

一级事项	二级事项	2020年分季度工作安排			
		第一季度	第二季度	第三季度	第四季度
质量为纲、效益立行，不断夯实信贷风险管理基础提质增效	公司舆情监控、风险预警机制	每日风险信号监控及风险提示	每日风险信号监控及风险提示	每日风险信号监控及风险提示	每日风险信号监控及风险提示
		配合开发天眼预警系统，通过“天眼”预警系统实现公司客户、底层资产的监控自动化，及时对风险信息进行预警	配合开发天眼预警系统，通过“天眼”预警系统实现公司客户、底层资产的监控自动化，及时对风险信息进行预警	配合开发天眼预警系统，通过“天眼”预警系统实现公司客户、底层资产的监控自动化，及时对风险信息进行预警	配合开发天眼预警系统，通过“天眼”预警系统实现公司客户、底层资产的监控自动化，及时对风险信息进行预警；2020年四季度末前完成
	尽调及评审报告模版优化	1.确定总行评估部评审意见的表述方式 2.制定供应链金融业务、担保公司、并购类业务、资管类业务的信贷报告及评审报告模板	视各个条线实际业务开展过程中的需要进行模板优化工作	视各个条线实际业务开展过程中的需要进行模板优化工作	视各个条线实际业务开展过程中的需要进行模板优化工作
	开展尽调及评审能力培训	按照条线、处室每周进行内部例会培训	按照条线、处室每周进行内部例会培训	按照条线、处室每周进行内部例会培训	按照条线、处室每周进行内部例会培训
	持续开展总行权限年审项目进展通报机制	督促机构每月上报年审项目上报情况、办结情况及处置策略。每月根据机构反馈数据，对各分行年审项目的管理情况进行点评和通报	督促机构每月上报年审项目上报情况、办结情况及处置策略。每月根据机构反馈数据，对各分行年审项目的管理情况进行点评和通报	督促机构每月上报年审项目上报情况、办结情况及处置策略。每月根据机构反馈数据，对各分行年审项目的管理情况进行点评和通报	督促机构每月上报年审项目上报情况、办结情况及处置策略。每月根据机构反馈数据，对各分行年审项目的管理情况进行点评和通报

续表

一级事项	二级事项	2020年分季度工作安排			
		第一季度	第二季度	第三季度	第四季度
质量为纲、效益立行，不断夯实信贷风险管理基础提质增效	完善本行现行授信后管理办法	一季度完成授信后管理办法发文	开展授信后管理办法制度培训工作	—	—
	建立分行端授信后检查质量提升机制	牵头分行风险管理部完成授信后检查质量提升机制的建立	跟进分行端授信后检查质量提升机制执行情况	跟进分行端授信后检查质量提升机制执行情况	跟进分行端授信后检查质量提升机制执行情况
	优化完善风险经理机制	跟进各分行风险经理人员配备情况	结合分行巡查跟进各分行风险经理人员配备情况，检视风险经理机制运行状况	结合分行巡查跟进各分行风险经理人员配备情况，检视风险经理机制运行状况	—
	形成重大特殊项目总分行专项项目小组机制	对总行权限的重大特殊项目，经总行风险管理条线讨论同意后，由总分行风险管理条线、分行市场条线分别安排骨干人员组成项目专项小组，专门负责项目的尽职调查及风险评估工作，以及风险隐患化解过程中各环节的沟通	对总行权限的重大特殊项目，经总行风险管理条线讨论同意后，由总分行风险管理条线、分行市场条线分别安排骨干人员组成项目专项小组，专门负责项目的尽职调查及风险评估工作，以及风险隐患化解过程中各环节的沟通	对总行权限的重大特殊项目，经总行风险管理条线讨论同意后，由总分行风险管理条线、分行市场条线分别安排骨干人员组成项目专项小组，专门负责项目的尽职调查及风险评估工作，以及风险隐患化解过程中各环节的沟通	对总行权限的重大特殊项目，经总行风险管理条线讨论同意后，由总分行风险管理条线、分行市场条线分别安排骨干人员组成项目专项小组，专门负责项目的尽职调查及风险评估工作，以及风险隐患化解过程中各环节的沟通

续表

一级事项	二级事项	2020年分季度工作安排			
		第一季度	第二季度	第三季度	第四季度
科技赋能、数据驱动，共同开启风险预警科技监控新时代	按图索骥，以客户为中心风险视图	推进“天眼”项目建设	推进“天眼”项目建设，其中对公部分于2020年6月上线	推进“天眼”项目建设	2020年年底零售部分上线，完成“天眼”系统建设
	内部评级系统建设	1.完成对公客户信用风险内部评级体系项目立项 2.完成咨询服务商招标、选聘、进场 3.完成评级体系框架设计阶段工作	对公内评模型评级数据准备，含收集，整理，清洗，补录等工作	完成数据准备，推进评级模型建设开发、验证、校准；完成系统实施立项及厂商选聘	咨询阶段完成系统需求设计、评级制度架构设计、评级运用方案建议、咨询成果交付及完成；系统按照评级咨询成果完成初步搭建
	“天眼”系统建设	“天眼”一期第一阶段上线试运行，主要上市公司财务、舆情预警	“天眼”一期正式上线，主要涉及对公预警	完善一期预警功能，开发二期预警系统	“天眼”二期上线，预警范围拓展至同业、零售、资管

表9-7　总行评估部负责事项

一级事项	二级事项	2020年分季度工作安排			
		第一季度	第二季度	第三季度	第四季度
加强宏观经济形势和监管政策研究分析	深化宏观形势研究，提高业务风险的研判能力	开展宏观经济形势前瞻前置研究	—	开展宏观经济形势前瞻前置研究	—
	加强监管政策研究，与监管政策同向而行	开展监管政策研究	—	开展监管政策研究	—
加强行业研究、区域监测及限额管控	推进实用型导向的行业研究	按照部门年度确定的行业研究任务推进；根据业务推进过程中的需要开展行业研究	按照部门年度确定的行业研究任务推进；根据业务推进过程中的需要开展行业研究	按照部门年度确定的行业研究任务推进；根据业务推进过程中的需要开展行业研究	按照部门年度确定的行业研究任务推进；根据业务推进过程中的需要开展行业研究
	行业、区域集中度及限额管控	持续开展行业、区域限额管控	持续开展行业、区域限额管控	持续开展行业、区域限额管控	持续开展行业、区域限额管控
质量为纲、效益立行，不断夯实信贷风险管理基础提质增效	公司舆情监控、风险预警机制	配合开发天眼预警系统，通过“天眼”预警系统实现公司客户、底层资产的监控自动化，及时对风险信息进行预警	配合开发天眼预警系统，通过“天眼”预警系统实现公司客户、底层资产的监控自动化，及时对风险信息进行预警	配合开发天眼预警系统，通过“天眼”预警系统实现公司客户、底层资产的监控自动化，及时对风险信息进行预警	配合开发天眼预警系统，通过“天眼”预警系统实现公司客户、底层资产的监控自动化，及时对风险信息进行预警；2020年四季度末前完成

续表

一级事项	二级事项	2020年分季度工作安排			
		第一季度	第二季度	第三季度	第四季度
质量为纲、效益立行，不断夯实信贷风险管理基础提质增效	尽调及评审报告模板优化	1.确定总行评估部评审意见的表述方式 2.制定供应链金融业务、担保公司、并购类业务、资管类业务的信贷报告及评审报告模板	视各个条线实际业务开展过程中的需要进行模板优化工作	视各个条线实际业务开展过程中的需要进行模板优化工作	视各个条线实际业务开展过程中的需要进行模板优化工作
	开展尽调及评审能力培训	按照条线、处室每周进行内部例会培训	按照条线、处室每周进行内部例会培训	按照条线、处室每周进行内部例会培训	按照条线、处室每周进行内部例会培训
	持续开展总行权限年审项目进展通报机制	督促机构每月上报年审项目上报情况、办结情况及处置策略。每月根据机构反馈数据，对各分行年审项目的管理情况进行点评和通报	督促机构每月上报年审项目上报情况、办结情况及处置策略。每月根据机构反馈数据，对各分行年审项目的管理情况进行点评和通报	督促机构每月上报年审项目上报情况、办结情况及处置策略。每月根据机构反馈数据，对各分行年审项目的管理情况进行点评和通报	督促机构每月上报年审项目上报情况、办结情况及处置策略。每月根据机构反馈数据，对各分行年审项目的管理情况进行点评和通报
	形成重大特殊项目总分行专项项目小组机制	对总行权限的重大特殊项目，经总行风险管理条线讨论同意后，由总分行风险管理条线、分行市场条线分别安排骨干人员组成项目专项小组，专门负责项目的尽职调查及风险评估工作，以及风险隐患化解过程中各环节的沟通	对总行权限的重大特殊项目，经总行风险管理条线讨论同意后，由总分行风险管理条线、分行市场条线分别安排骨干人员组成项目专项小组，专门负责项目的尽职调查及风险评估工作，以及风险隐患化解过程中各环节的沟通	对总行权限的重大特殊项目，经总行风险管理条线讨论同意后，由总分行风险管理条线、分行市场条线分别安排骨干人员组成项目专项小组，专门负责项目的尽职调查及风险评估工作，以及风险隐患化解过程中各环节的沟通	对总行权限的重大特殊项目，经总行风险管理条线讨论同意后，由总分行风险管理条线、分行市场条线分别安排骨干人员组成项目专项小组，专门负责项目的尽职调查及风险评估工作，以及风险隐患化解过程中各环节的沟通

续表

一级事项	二级事项	2020年分季度工作安排			
		第一季度	第二季度	第三季度	第四季度
科技赋能、数据驱动，共同开启风险预警科技监控新时代	按图索骥，以客户为中心风险视图	推进“天眼”项目建设	推进“天眼”项目建设，其中对公部分于2020年6月上线	推进“天眼”项目建设	2020年年底零售部分上线，完成“天眼”系统建设
	内部评级系统建设	1.完成对公客户信用风险内部评级体系项目立项 2.完成咨询服务商招标、选聘、进场 3.完成评级体系框架设计阶段工作	对公内评模型评级数据准备，含收集，整理，清洗，补录等工作	完成数据准备，推进评级模型建设开发、验证、校准；完成系统实施立项及厂商选聘	咨询阶段完成系统需求设计、评级制度架构设计、评级运用方案建议、咨询成果交付及完成；系统按照评级咨询成果完成初步搭建
	“天眼”系统建设	“天眼”一期一阶段上线试运行，主要上市公司财务、舆情预警	“天眼”一期正式上线，主要涉及对公预警	完善一期预警功能，开发二期预警系统	“天眼”二期上线，预警范围拓展至同业、零售、资管

续表

一级事项	二级事项	2020年分季度工作安排			
		第一季度	第二季度	第三季度	第四季度
加强分行风险防控意识和处置能力	构建贷前尽调质量监督管控机制	拟定管控机制并增加客户管理系统需求	机制试运行	正式开始执行	正式开始执行
加强分行风险防控意识和处置能力	推进分行权限项目抽查工作	每季度对分行权限评审项目的评审质量抽查回溯，对上报资料和评审进行规范化，对机构在项目评审中存在的不当做法予以提示和纠正，将检查发现的问题和需提示分行关注要点形成专项报告，提出管理建议并要求后续整改措施	每季度对分行权限评审项目的评审质量抽查回溯，对上报资料和评审进行规范化，对机构在项目评审中存在的不当做法予以提示和纠正，将检查发现的问题和需提示分行关注要点形成专项报告，提出管理建议并要求后续整改措施	每季度对分行权限评审项目的评审质量抽查回溯，对上报资料和评审进行规范化，对机构在项目评审中存在的不当做法予以提示和纠正，将检查发现的问题和需提示分行关注要点形成专项报告，提出管理建议并要求后续整改措施	每季度对分行权限评审项目的评审质量抽查回溯，对上报资料和评审进行规范化，对机构在项目评审中存在的不当做法予以提示和纠正，将检查发现的问题和需提示分行关注要点形成专项报告，提出管理建议并要求后续整改措施

总行研究部优化提升风险识别、风险预警及风险处置能力相关事项如表9–8所示。

表9–8　总行研究部负责事项

一级事项	二级事项	2020年分季度工作安排			
		第一季度	第二季度	第三季度	第四季度
加强宏观经济形势和监管政策研究分析	深化宏观形势研究，提高业务风险的研判能力	开展宏观经济形势前瞻前置研究	—	开展宏观经济形势前瞻前置研究	—

总行人力资源部优化提升风险识别、风险预警及风险处置能力相关事项如表9–9所示。

表9–9　总行人力资源部负责事项

一级事项	二级事项	2020年分季度工作安排			
		第一季度	第二季度	第三季度	第四季度
加强分行风险防控意识和处置能力	构建贷前尽调质量监督管控机制	拟定管控机制并增加客户管理系统需求	机制试运行	正式开始执行	正式开始执行

分行风险管理部优化提升风险识别、风险预警及风险处置能力相关事项如表9–10所示。

分行评估部优化提升风险识别、风险预警及风险处置能力相关事项如表9–11所示。

分行管理层提升风险识别、风险预警及风险处置能力相关事项如表9–12所示。

表9-10 分行风险管理部负责事项

一级事项	二级事项	2020年分季度工作安排			
		第一季度	第二季度	第三季度	第四季度
质量为纲、效益立行，不断夯实信贷风险管理基础提质增效	建立存量项目贷后分层管理机制	每季度对分行存量授信业务进行梳理，筛选出需重点关注的项目清单，对重点关注项目每月实行风险及市场条线双人贷后走访，重点关注企业现金流的变动情况，并及时汇报发现的重大风险事项	每季度对分行存量授信业务进行梳理，筛选出需重点关注的项目清单，对重点关注项目每月实行风险及市场条线双人贷后走访，重点关注企业现金流的变动情况，并及时汇报发现的重大风险事项	每季度对分行存量授信业务进行梳理，筛选出需重点关注的项目清单，对重点关注项目每月实行风险及市场条线双人贷后走访，重点关注企业现金流的变动情况，并及时汇报发现的重大风险事项	每季度对分行存量授信业务进行梳理，筛选出需重点关注的项目清单，对重点关注项目每月实行风险及市场条线双人贷后走访，重点关注企业现金流的变动情况，并及时汇报发现的重大风险事项
	建立潜在风险项目联合走访机制	根据潜在风险项目情况，安排风险管理条线人员与市场条线人员进行尽调联合走访，并分别提交尽调报告	根据潜在风险项目情况，安排风险管理条线人员与市场条线人员进行尽调联合走访，并分别提交尽调报告	根据潜在风险项目情况，安排风险管理条线人员与市场条线人员进行尽调联合走访，并分别提交尽调报告	根据潜在风险项目情况，安排风险管理条线人员与市场条线人员进行尽调联合走访，并分别提交尽调报告
加强分行风险防控意识和处置能力	建立长效的分行风险监控预警机制	2020年持续进行（已下发建立分行风险监测预警机制的通知）	2020年持续进行	2020年持续进行	2020年持续进行
	强化市场人员风险意识和处置能力	每季度由分行人力资源部开展业务技能及授信项目上报规范培训；每季度由分行风险管理部和评估部开展风险项目回溯和案例分享	每季度由分行人力资源部开展业务技能及授信项目上报规范培训；每季度由分行风险管理部和评估部开展风险项目回溯和案例分享	每季度由分行人力资源部开展业务技能及授信项目上报规范培训；每季度由分行风险管理部和评估部开展风险项目回溯和案例分享	每季度由分行人力资源部开展业务技能及授信项目上报规范培训；每季度由分行风险管理部和评估部开展风险项目回溯和案例分享

表9-11　分行评估部负责事项

一级事项	二级事项	2020年分季度工作安排			
		第一季度	第二季度	第三季度	第四季度
加强分行风险防控意识和处置能力	完善分行授信评审专业岗位设置、优化分行评审能力培训体系	1.分行评估部建立完备的评审队伍及评审梯队，补足合规评审人员并提高素质 2.结合工作强度视情况抽调分行评审人员到总行轮岗 3.每季度总分行评估条线例会聚焦风险管理条线的主要问题 4.每季度管理人员及分行对接处长现场走动管理，对接分行需求	1.分行评估部建立完备的评审队伍及评审梯队，补足合规评审人员并提高素质 2.结合工作强度视情况抽调分行评审人员到总行轮岗 3.每季度总分行评估条线例会聚焦风险管理条线的主要问题 4.每季度管理人员及分行对接处长现场走动管理，对接分行需求	1.分行评估部建立完备的评审队伍及评审梯队，补足合规评审人员并提高素质 2.结合工作强度视情况抽调分行评审人员到总行轮岗 3.每季度总分行评估条线例会聚焦风险管理条线的主要问题 4.每季度管理人员及分行对接处长现场走动管理，对接分行需求	1.分行评估部建立完备的评审队伍及评审梯队，补足合规评审人员并提高素质 2.结合工作强度视情况抽调分行评审人员到总行轮岗 3.每季度总分行评估条线例会聚焦风险管理条线的主要问题 4.每季度管理人员及分行对接处长现场走动管理，对接分行需求
	建立长效的分行风险监控预警机制	2020年持续进行（已下发建立分行风险监测预警机制的通知）	2020年持续进行	2020年持续进行	2020年持续进行
	强化市场人员风险意识和处置能力	每季度由分行人力资源部开展业务技能及授信项目上报规范培训；每季度由分行风险管理部和评估部开展风险项目回溯和案例分享	每季度由分行人力资源部开展业务技能及授信项目上报规范培训；每季度由分行风险管理部和评估部开展风险项目回溯和案例分享	每季度由分行人力资源部开展业务技能及授信项目上报规范培训；每季度由分行风险管理部和评估部开展风险项目回溯和案例分享	每季度由分行人力资源部开展业务技能及授信项目上报规范培训；每季度由分行风险管理部和评估部开展风险项目回溯和案例分享

表9-12 分行管理层负责事项

一级事项	二级事项	2020年分季度工作安排			
		第一季度	第二季度	第三季度	第四季度
加强分行风险防控意识和处置能力	建立完善的分行风险自我评估机制	完成分行业务审批工作的首次检视，系统性评估目前分行各项机制的执行情况	—	每半年回溯改进情况，开展新一轮的自评估	—

分行人力资源部提升风险识别、风险预警及风险处置能力相关事项如表9-13所示。

表9-13 分行人力资源部负责事项

一级事项	二级事项	2020年分季度工作安排			
		第一季度	第二季度	第三季度	第四季度
加强分行风险防控意识和处置能力	强化市场人员风险意识和处置能力	每季度由分行人力资源部开展业务技能及授信项目上报规范培训；每季度由分行风险管理部和评估部开展风险项目回溯和案例分享	每季度由分行人力资源部开展业务技能及授信项目上报规范培训；每季度由分行风险管理部和评估部开展风险项目回溯和案例分享	每季度由分行人力资源部开展业务技能及授信项目上报规范培训；每季度由分行风险管理部和评估部开展风险项目回溯和案例分享	每季度由分行人力资源部开展业务技能及授信项目上报规范培训；每季度由分行风险管理部和评估部开展风险项目回溯和案例分享

分行市场团队优化提升风险识别、风险预警及风险处置能力相关事项如表9-14所示。

表9-14 分行市场团队负责事项

一级事项	二级事项	2020年分季度工作安排			
		第一季度	第二季度	第三季度	第四季度
质量为纲、效益立行，不断夯实信贷风险管理基础提质增效	建立潜在风险项目联合走访机制	根据潜在风险项目情况，安排风险管理条线人员与市场条线人员进行尽调联合走访，并分别提交尽调报告	根据潜在风险项目情况，安排风险管理条线人员与市场条线人员进行尽调联合走访，并分别提交尽调报告	根据潜在风险项目情况，安排风险管理条线人员与市场条线人员进行尽调联合走访，并分别提交尽调报告	根据潜在风险项目情况，安排风险管理条线人员与市场条线人员进行尽调联合走访，并分别提交尽调报告

续表

一级事项	二级事项	2020年分季度工作安排			
		第一季度	第二季度	第三季度	第四季度
质量为纲、效益立行，不断夯实信贷风险管理基础提质增效	形成重大特殊项目总分行专项项目小组机制	对总行权限的重大特殊项目，经总行风险管理条线讨论同意后，由总分行风险管理条线、分行市场条线分别安排骨干人员组成项目专项小组，专门负责项目的尽职调查及风险评估工作，以及风险隐患化解过程中各环节的沟通	对总行权限的重大特殊项目，经总行风险管理条线讨论同意后，由总分行风险管理条线、分行市场条线分别安排骨干人员组成项目专项小组，专门负责项目的尽职调查及风险评估工作，以及风险隐患化解过程中各环节的沟通	对总行权限的重大特殊项目，经总行风险管理条线讨论同意后，由总分行风险管理条线、分行市场条线分别安排骨干人员组成项目专项小组，专门负责项目的尽职调查及风险评估工作，以及风险隐患化解过程中各环节的沟通	对总行权限的重大特殊项目，经总行风险管理条线讨论同意后，由总分行风险管理条线、分行市场条线分别安排骨干人员组成项目专项小组，专门负责项目的尽职调查及风险评估工作，以及风险隐患化解过程中各环节的沟通

参考文献

［1］陈超, 魏静宜, 曹利. 中国商业银行通过贷款损失准备计提进行盈余平滑吗［J］. 金融研究, 2015(12): 46 – 63.

［2］陈汉文, 程智荣. 内部控制、股权资本成本与企业生命周期[J]. 厦门大学学报（哲学社会科学版）, 2015(2): 40 – 49.

［3］陈汉文, 王韦程. 董事长特征、薪酬水平与内部控制[J]. 厦门大学学报（哲学社会科学版）, 2014(2): 90 – 99.

［4］陈汉文, 王韦程. 谁决定了内部控制质量:董事长还是审计委员会?[J]. 经济管理, 2014(10): 97 – 107.

［5］陈汉文, 周中胜. 内部控制质量与企业债务融资成本[J]. 南开管理评论, 2014(3): 103 – 111.

［6］陈旭东, 何艳军, 张镇疆. 商业银行贷款损失准备的计提动机——基于中国商业银行的实证研究[J]. 投资研究, 2014(10): 4 – 16.

［7］程晓陵, 王怀明. 公司治理结构对内部控制有效性的影响[J]. 审计研究, 2008(4): 53 – 61.

［8］池国华. 中国上市公司内部控制指数的功能定位与系统构建[J]. 管理世界, 2011(6): 172 – 173.

［9］池国华, 杨金, 邹威. 高管背景特征对内部控制质量的影响研究——来自中国A股上市公司的经验证据[J]. 会计研究, 2014(11): 67 – 74.

［10］邓德强, 温素彬, 潘琳娜, 等. 内部控制质量、机构投资者异质性与持股决策:基于自选择模型的实证研究[J]. 管理评论, 2014(10): 76 – 89.

［11］董望, 陈汉文. 内部控制、应计质量与盈余反应——基于中国2009年

A股上市公司的经验证据[J]. 审计研究, 2011(4): 68 – 78.

[12] 樊纲, 王小鲁, 朱恒鹏. 中国市场化指数：各地区市场化相对进程2011年报告[M]. 北京：经济科学出版社. 2011.

[13] 范经华, 张雅曼, 刘启亮. 内部控制、审计师行业专长、应计与真实盈余管理[J]. 会计研究, 2013(4): 81 – 88.

[14] 方红星, 陈作华. 高质量内部控制能有效应对特质风险和系统风险吗?[J]. 会计研究, 2015(4): 70 – 77.

[15] 方红星, 金玉娜. 高质量内部控制能抑制盈余管理吗? ——基于自愿性内部控制鉴证报告的经验研究[J]. 会计研究, 2011(8): 53 – 60.

[16] 方红星, 金玉娜. 公司治理、内部控制与非效率投资：理论分析与经验证据[J]. 会计研究, 2013(7): 63 – 71.

[17] 方红星, 施继坤. 自愿性内部控制鉴证与权益资本成本——来自沪市A 股非金融类上市公司的经验证据[J]. 经济管理, 2011(12): 128 – 134.

[18] 方红星, 施继坤, 张广宝. 产权性质、信息质量与公司债定价——来自中国资本市场的经验证据[J]. 金融研究, 2013(4): 170 – 182.

[19] 方红星, 孙翯. 强制披露规则下的内部控制信息披露——基于沪市上市公司2006年年报的实证研究[J]. 财经问题研究, 2007(12): 67 – 73.

[20] 方红星, 孙翯, 金韵韵. 公司特征、外部审计与内部控制信息的自愿披露——基于沪市上市公司2003—2005年年报的经验研究[J]. 会计研究, 2009(10): 44 – 52.

[21] 方意, 赵胜民, 谢晓闻. 货币政策的银行风险承担分析——兼论货币政策与宏观审慎政策协调问题[J]. 管理世界, 2012(11): 9 – 19.

[22] 方意. 货币政策与房地产价格冲击下的银行风险承担分析[J]. 世界经济, 2015(7): 73 – 98.

[23] 高明华, 杜雯翠. 外部监管、内部控制与企业经营风险——来自中国上市公司的经验证据[J]. 南方经济, 2013(12): 63 – 72.

[24] 江曙霞, 陈玉婵. 货币政策、银行资本与风险承担[J]. 金融研究, 2012(4): 1 – 16.

[25] 金鹏辉, 张翔, 高峰. 银行过度风险承担及货币政策与逆周期资本调节的配合[J]. 经济研究, 2014(6): 73 – 85.

[26] 李成, 刘生福. 利率市场化鼓励商业银行过度风险承担吗? ——来自中国银行业的经验证据[J]. 经济管理, 2015(12): 91 – 102.

[27] 李庆玲, 沈烈. 近年国际内部控制研究动态:一个文献综述[J]. 经济管理, 2016(5): 187 – 199.

[28] 李万福, 陈晖丽. 内部控制与公司实际税负[J]. 金融研究, 2012(9): 195 – 206.

[29] 李万福, 林斌, 宋璐. 内部控制在公司投资中的角色:效率促进还是抑制?[J]. 管理世界, 2011(2): 81–100.

[30] 李万福, 林斌, 杨德明, 等. 内控信息披露、企业过度投资与财务危机[J]. 中国会计与财务研究, 2010(4): 76 – 142.

[31] 李越冬, 张冬, 刘伟伟. 内部控制重大缺陷、产权性质与审计定价[J]. 审计研究, 2014(2): 45 – 52.

[32] 林斌, 饶静. 上市公司为什么自愿披露内部控制鉴证报告? ——基于信号传递理论的实证研究[J]. 会计研究, 2009(2): 45 – 52.

[33] 刘启亮, 罗乐, 何威风, 等. 产权性质、制度环境与内部控制[J]. 会计研究, 2012(3): 52 – 61.

[34] 刘启亮, 罗乐, 张雅曼, 等. 高管集权、内部控制与会计信息质量[J]. 南开管理评论, 2013(1): 15 – 23.

[35] 刘忠璐. 互联网金融对商业银行风险承担的影响研究[J]. 财贸经济, 2016(4): 71 – 85.

[36] 卢锐, 柳建华, 许宁. 内部控制、产权与高管薪酬业绩敏感性[J]. 会计研究, 2011(10): 42 – 48.

[37] 毛新述, 孟杰. 内部控制与诉讼风险[J]. 管理世界, 2013(11): 155 – 165.

[38] 缪艳娟, 杨雄胜, 王则斌. 企业内部控制规范实施:进程 · 效果 · 建议——来自江苏企业的问卷调查研究[J]. 会计研究, 2014(1): 71 – 78.

[39] 牛晓健, 裘翔. 利率与银行风险承担——基于中国上市银行的实证研究[J].金融研究, 2013(4):15 – 28.

[40] 潘敏. 商业银行公司治理：基于银行业特征的研究[M]. 北京:人民出版社，2013.

[41] 潘敏. 商业银行公司治理：一个基于银行业特征的理论分析[J]. 金融研究，2006(3): 37 – 47.

[42] 单华军. 内部控制、公司违规与监管绩效改进——来自2007—2008年深市上市公司的经验证据[J]. 中国工业经济, 2010(11): 140 – 148.

[43] 王耀青, 金洪飞. 利率市场化、价格竞争与银行风险承担[J]. 经济管理, 2014(5): 93 – 103.

[44] 吴益兵. 内部控制审计、价值相关性与资本成本[J]. 经济管理, 2009(9): 64 – 69.

[45] 熊正德, 李璨. TMT背景、产权性质与风险承担——基于国有与非国有上市银行的对比分析[J]. 经济管理, 2015(10): 146 – 157.

[46] 徐明东, 陈学彬. 货币环境、资本充足率与商业银行风险承担[J]. 金融研究, 2012(7): 48 – 62.

[47] 杨德明, 林斌, 王彦超. 内部控制, 审计质量与代理成本[J]. 财经研究,

2009(12): 40 – 49.

[48] 杨德明, 林斌, 王彦超. 内部控制、审计质量与大股东资金占用[J]. 审计研究, 2009(5): 74 – 81.

[49] 杨道广. “矫枉过正”抑或“合理管控”：内部控制在公司财务活动中的作用[D]. 厦门:厦门大学, 2016.

[50] 杨道广, 陈汉文. 内部控制、法治环境与守法企业公民[J]. 审计研究, 2015(5): 76 – 83.

[51] 杨道广, 陈汉文. 内部控制、制度环境与股票流动性[J]. 经济研究, 2013（S1）: 132 – 143.

[52] 杨道广, 张传财, 陈汉文. 内部控制、并购整合能力与并购业绩——来自我国上市公司的经验证据[J]. 审计研究, 2014(3): 43 – 50.

[53] 叶康涛, 曹丰, 王化成. 内部控制信息披露能够降低股价崩盘风险吗?[J]. 金融研究, 2015(2): 192 – 206.

[54] 张传财. 产品市场竞争、内部控制质量及经济后果[D]. 厦门:厦门大学, 2016.

[55] 张传财, 陈汉文. 产品市场竞争、产权性质与内部控制质量[J]. 会计研究, 2017(5):75 – 82.

[56] 张继德, 纪佃波, 孙永波. 企业内部控制有效性影响因素的实证研究[J]. 管理世界, 2013(8): 179 – 180.

[57] 张龙平, 王军只, 张军. 内部控制鉴证对会计盈余质量的影响研究——基于沪市A股公司的经验证据[J]. 审计研究, 2010(2): 83 – 90.

[58] 张敏, 朱小平. 中国上市公司内部控制问题与审计定价关系研究——来自中国A 股上市公司的横截面数据[J]. 经济管理, 2010(9): 108 – 113.

[59] 张然, 王会娟, 许超. 披露内部控制自我评价与鉴证报告会降低资本成本吗? ——来自中国A 股上市公司的经验证据[J]. 审计研究, 2012(1): 96 – 102.

[60] 章添香, 张春海. 我国银行业公司治理、经营效率与企业内部控制[J]. 经济管理, 2015(12): 39 – 48.

[61] 张旺峰, 张兆国, 杨清香. 内部控制与审计定价研究——基于中国上市公司的经验证据[J]. 审计研究, 2011(5): 65 – 72.

[62] 张雪兰,何德旭. 货币政策立场与银行风险承担——基于中国银行业的实证研究(2000—2010) [J]. 经济研究, 2012(5): 31 – 44.

[63] 张宜霞. 财务报告内部控制审计收费的影响因素——基于中国内地在美上市公司的实证研究[J]. 会计研究, 2012(12): 70 – 77.

[64] 郑军, 林钟高, 彭琳. 高质量的内部控制能增加商业信用融资吗? ——基于货币政策变更视角的检验[J]. 会计研究, 2013(6): 62 – 69.

[65] ADAMS R, Mehran H. Bank Board Structure and Performance: Evidence for Large Bank Holding Companies[J]. Journal of Financial Intermediation, 2011, 21(2): 243–267.

[66] AEBI V, SABATO G, SCHMID M. Risk Management, Corporate Governance, and Bank Performance in the Financial Crisis[J]. Journal of Banking and Finance, 2012, 36 (12): 3213–3226.

[67] AKHIGBE A, WHYTE A M. The Impact of FDICIA on Bank Returns and Risk: Evidence from the Capital Markets[J]. Journal of Banking and Finance, 2001, 25(2): 393–417.

[68] ALTAMURO J, BEATTY A. How does Internal Control Regulation Affect Financial Reporting?[J]. Journal of Accounting and Economics, 2010,

49(1-2):58-74.

[69] ALTUNBAS Y, GAMBACORTA L, Marques-Ibanez D. Does Monetary Policy Affect Bank Risk-Taking?[J]. Ssrn Electronic Journal, 2010, 10(298): 95-135.

[70] ASARE S K, WRIGHT A. The Effect of Type of Internal Control Report on Users' Confidence in the Accompanying Financial Statement Audit Report[J]. Contemporary Accounting Research, 2012, 29(1): 152 - 175.

[71] ASHBAUGH-SKAIFE H, COLLINS D W, KINNEY W R, et al. The Effect of Internal Control Deficiencies and their Remediation on Accrual Quality[J]. The Accounting Review, 2008, 83(1): 217-250.

[72] ASHBAUGH-SKAIFE H, COLLINS D W, KINNEY W R, et al. The Effect of SOX Internal Control Deficiencies on Firm Risk and Cost of Equity[J]. Journal of Accounting Research, 2009, 47(1):1-43.

[73] ASHBAUGH-SKAIFE H, VEENMA D, WANGERIN D. Internal Control over Financial Reporting and Managerial Rent Extraction: Evidence from the Profitability of Insider Trading[J]. Journal of Accounting and Economics, 2013, 55(1): 91-110.

[74] ATHANASOGLOU P P, BRISSIMIS S N, DELIS M D. Bank-specific, Industry-specific and Macroeconomic Determinants of Bank Profitability[J]. Journal of International Financial Markets, Institutions and Money, 2008, 18(18):121-136.

[75] BARGERON L L, LEHN K M, ZUTTER C J. Sarbanes-Oxley and Corporate Risk-Taking[J]. Journal of Accounting and Economics, 2010, 49:34-52.

[76] BARRY T A, LEPETIT L, TARAZI A. Ownership Structure and Risk in Publicly Held and Privately Owned Banks[J]. Journal of Banking and Finance, 2011, 35(5): 1327–1340.

[77] BARTH J R, CAPRIO G, LEVINE R. Bank Regulation and Supervision: What Works Best?[J]. Journal of Financial Intermediation, 2004, 13(2): 205–248.

[78] BAUER A M. Tax Avoidance and the Implications of Weak Internal Controls. Contemporary Accounting Research, 2016, 33(2): 449–486

[79] BEATTY A L, KE B, PETRONI K R. Earnings Management to Avoid Earnings Declines across Publicly and Privately Held Banks[J]. The Accounting Review, 2002, 77(3): 547–570.

[80] BENEISH M D, BILLINGS M, HODDER L. Internal Control Weaknesses and Information Uncertainty[J]. The Accounting Review， 2008, 83 (3): 665–703.

[81] BERGER A N, HANWECK G A, HUMPHREY D B. Competitive Viability in Banking: Scale, Scope, and Product Mix Economies[J]. Journal of Monetary Economics, 1987, 20(3): 501–520.

[82] BERGER A. The Relationship between Capital and Earnings in Banking[J]. Journal of Money, Credit and Banking, 1995, 27(2):432–456.

[83] BHAGAT S, BOLTON B, LU J. Size, Leverage, and Risk–Taking of Financial Institutions[J]. Journal of Banking and Finance, 2015, 59(3): 520–537.

[84] BOURKE P. Concentration and Other Determinants of Bank Profitability in Europe, North America and Australia[J]. Journal of Banking and Finance,

1989, 13(1): 65–79.

[85] CARLETTI E, HARTMANN P. Competition and Stability: What's Special about Banking? [J]. Social Science Electronic Publishing, 2002.

[86] CARTER M E, LYNCH L J, ZECHMAN S L C. Changes in bonus contracts in the post–Sarbanes - Oxley era[J]. Review of Accounting Studies, 2009, 14(4): 480–506.

[87] CHENG M, DHALIWAL D, ZHANG Y. Does Investment Efficiency Improve After the Disclosure of Material Weaknesses in Internal Control over Financial Reporting?[J]. Journal of Accounting and Economics, 2013, 56(1):1–18.

[88] CHHAOCHHARIA V, GRINSTEIN Y. Corporate Governance and Firm Value: The Impact of the 2002 Governance Rules[J]. The Journal of Finance, 2007, 62(4): 1789–1825.

[89] CLINTON S B, PINELLO A S, SKAIFE H A. The Implications of Ineffective Internal Control and SOX 404 Reporting for Financial Analysts[J]. Journal of Accounting and Public Policy, 2014, 33: 303–327.

[90] COLLINS D, MASLI A, REITENGA A L, REITENGA J M. Sanchez. Earnings Restatements, the Sarbanes–Oxley Act and the Disciplining of Chief Financial Officers[J]. Journal of Accounting Auditing and Finance, 2009, 24 (1): 1 - 34.

[91] COSTELLO A M, WITTENBERG–MOERMAN R. The Impact of Financial Reporting Quality on Debt Contracting: Evidence from Internal Control Weakness Reports[J]. Journal of Accounting Research, 2011, 49(1): 97–136.

[92] DEBOSKEY D G, JIANG W. Earnings Management and Auditor Specialization in the Post-sox Era: An Examination of the Banking Industry[J]. Journal of Banking and Finance, 2012, 36(2): 613-623.

[93] DELIS M D, KOURETAS G. Interest Rates and Bank Risk Taking[J]. Journal of Banking and Finance, 2011, 35(4): 840-855.

[94] DEMIRGUC-KUNT A, DETRAGIACHE E. Does Deposit Insurance Increase Banking System Stability? An Empirical Investigation[J]. Journal of Monetary Economics, 2002, 49(7): 1373-1406.

[95] DEMIRGUC-KUNT A, KANE E. Deposit Insurance around the Globe: Where does it Work? [J]. Journal of Economic Perspectives, 2002, 16 (2): 175-195.

[96] DEMSETZ R S, STRAHAN P E. Diversification, Size, and Risk at Bank Holding Companies[J]. Journal of Money, Credit and Banking, 1997, 29(3):300-313.

[97] DE NICOL Ò G, DELL'ARICCIA G, LAEVEN L, et al. Monetary Policy and Bank Risk Taking[J]. Social Science Electronic Publishing, 2010, 2010(9).

[98] DEWATRIPONT M, ROCHET J C, TIROLE J. Balancing the Banks, Global Lessons from the Financial Crisis[J]. Economic Journal, 2015, 121(550):1273-1278.

[99] DHALIWAL D, HOGAN C, TREZEVANT R, et al. Internal Control Disclosures, Monitoring, and the Cost of Debt[J]. The Accounting Review, 2011, 86 (4): 1131-1156.

[100] DISTINGUIN I, ROULET C, TARAZI A. Bank Regulatory Capital and

Liquidity: Evidence from US and European Publicly Traded Banks[J]. Journal of Banking and Finance, 2007, 37: 3295–3317.

[101] DOYLE J T, GE W, MCVAY S. Accruals Quality and Internal Control over Financial Reporting[J]. The Accounting Review, 2007, 82(5): 1141–1170.

[102] ETTREDGE M, LIM C Y, KWON S Y. Client, Industry and Country Factors Affecting Choice of Big N Industry Expert Auditors[J]. Journal of Accounting Auditing and Finance, 2008, 24(3): 433–467.

[103] FACCIO M, MARCHICA M T, MURA R. Large Shareholder Diversification and Corporate Risk-taking. Review of Financial Studies, 2011, 24(11): 3601–3641.

[104] FENG M, LI C, MCVAY S. Internal Control and Management Guidance[J]. Journal of Accounting and Economics, 2009, 48(2): 190–209.

[105] FENG M, LI C, MCVAY S E, SKAIFE H. Does Ineffective Internal Control over Financial Reporting Affect a Firm's Operations? Evidence from Firms'Inventory Management[J]. The Accounting Review, 2015, 90 (2): 529–557.

[106] FURFINE C H. Banks as Monitors of Other Banks: Evidence from the Overnight Federal Fund Market[J]. Journal of Business, 2001, 74(1): 33–57.

[107] GALLEMORE J, LABRO E. 2015. The Importance of the Internal Information Environment for Tax Avoidance[J], Journal of Accounting and Economics, 2015, 60(1): 149–167.

[108] GALLOWAY T M, LEE W B, RODEN D M. Banks' Changing Incentives and Opportunities for Risk Taking[J]. Journal of Banking and Finance,

1997, 21(4): 509–527.

[109] GOH B W. Audit Committees, Boards of Directors, and Remediation of Material Weaknesses in Internal Control[J]. Contemporary Accounting Research, 2009, 26 (2): 549–579.

[110] GOH B W, LI D. Internal Controls and Conditional Conservatism[J]. The Accounting Review, 2011, 86(3):975–1005.

[111] GOH B W, KIM J B. Internal Control and Operational Efficiency[J]. Ssrn Electronic Journal, 2013.

[112] GONZ Á LEZ F. Bank Regulation and Risk–Taking Incentives: An International Comparison of Bank Risk[J]. Journal of Banking and Finance, 2005, 29(5): 1153–1184.

[113] GORDON L A, WILFORD A L. An Analysis of Multiple Consecutive Years of Material Weaknesses in Internal Control[J]. The Accounting Review, 2012, 87(6): 2027–2060.

[114] GOYAL V K. Market Discipline of Bank Risk: Evidence from Subordinated Debt Contracts[J]. Journal of Financial Intermediation, 2005, 14(3):318–350.

[115] GROPP R, KÖHLER M. Bank Owners or Bank Managers: Who is Keen On Risk? Evidence from the Financial Crisis[J]. Ssrn Electronic Journal, 2010.

[116] HAMMERSLEY J S, MYERS L A, ZHOU J. The Failure to Remediate Previously Disclosed Material Weaknesses in Internal Controls[J]. Auditing: A Journal of Practice &Theory, 2012, 31, (3):73–111.

[117] HOAG M L, HOLLINGSWORTH C W. An Intertemporal Analysis of

Audit Fees and Section 404 Material Weaknesses[J]. Auditing: A Journal of Practice & Theory, 2011, 30(2): 173 – 200.

[118] HOCHBERG Y V, SAPIENZA P, VISSING-JORGENSEN A. A Lobbying Approach to Evaluating the Sarbanes-Oxley Act of 2002[J]. Journal of Accounting Research, 2009, 47 (2): 519–583.

[119] HOGAN C E, WILKINS M S. Evidence on the Audit Risk Model: Do Auditors Increase Audit Fees in the Presence of Internal Control Deficiencies? [J]. Contemporary Accounting Research, 2008, 25(1): 219–242.

[120] HOITASH U, HOITASH R, BEDARD J C. Corporate Governance and Internal Control over Financial Reporting: A Comparison of Regulatory Regimes[J]. The Accounting Review, 2009, 84 (3): 839–867.

[121] HOITASH R, HOITASH U, JOHNSTONE K M. Internal Control Material Weaknesses and CFO Compensation [J]. Contemporary Accounting Research, 2012, 29(3): 768–803.

[122] HOLMSTROM B, KAPLAN S N. The State of US Corporate Governance: What's Right and What's Wrong?[J]. Journal of Applied Corporate Finance, 2003, 15(3): 8–20.

[123] HSU A W, LIAO C H. Do Compensation Committees Pay Attention to Section 404 Opinions of the Sarbanes-Oxley Act?[J]. Journal of Business Finance & Accounting, 2012, 39 (9–10): 1240 – 1271.

[124] IANNOTTA G. Testing for Opaqueness in the European Banking Industry[J]. Journal of Financial Services Research, 2006, 30(3): 287–309.

[125] IANNOTTA G, NOCERA G, SIRONI A. Ownership Structure, Risk and Performance in the European Banking Industry[J]. Journal of Banking and

Finance, 2007, 31(7): 2127-2149.

[126] JENSEN M C. Corporate finance and takeovers [J]. American Economic Review, 1986, 76(2): 323-329.

[127] JENSEN M, MECKLING W. Theory of the Firm: Managerial Behavior, Agency Costs, and Ownership Structure[J]. Journal of Financial Economics, 1976, 3(76): 305-360.

[128] JIN J Y, KANAGARETNAM K, LOBO G J, et al. Impact of FDICIA Internal Controls on Bank Risk Taking[J]. Journal of Banking and Finance, 2013, 37(37): 614-624.

[129] JOHNSTONE K, LI C, RUPLEY K H. Changes in Corporate Governance Associated with the Revelation of Internal Control Material Weaknesses and Their Subsequent Remediation[J]. Contemporary Accounting Research, 2011, 28(1): 331-383.

[130] JÄRVINEN T, MYLLYMÄKI E. Real Earnings Management before and after Reporting SOX 404 Material Weaknesses[J]. Accounting Horizons, 2016, 30(1): 119-141.

[131] KANAGARETNAM K, LOBO G. Managerial Incentives for Income Smoothing through Bank Loan Loss Provisions[J]. Review of Quantitative Finance and Accounting, 2003, 20(1): 63-80.

[132] KANAGARETNAM K, GERALD J L, CHEN M, et al. National Culture and Internal Control Material Weaknesses Around the World [J]. Journal of Accounting, Auditing & Finance, 2016, 31, (1): 28 - 50.

[133] KEELEY M. Deposit Insurance, Risk, and Market Power in Banking[J]. American Economic Review, 1990, 80(5): 1183-1200.

[134] KILIC E, LOBO G J, RANASINGHE T, et al. The Impact of SFAS 133 on Income Smoothing by Banks through Loan Loss Provisions[J]. The Accounting Review, 2013, 88(1):233–260.

[135] KIM D, SANTOMERO A M. Risk in Banking and Capital Regulation[J]. Journal of Finance, 1988, 43(5): 1219–1233.

[136] KIM J B, SONG B Y, ZHANG L. Internal Control Weakness and Bank Loan Contracting: Evidence from SOX Section 404 Disclosures [J]. The Accounting Review，2011, 86(4): 1157–1188.

[137] KOEHN M, SANTOMERO A M. Regulation of Bank Capital and Portfolio Risk[J]. Journal of Finance, 1980, 35(5): 1235–1244.

[138] KIRKPATRICK G. The Corporate Governance Lessons from the Financial Crisis[J]. Financial Markets Trends, 2009, 96(1): 52–81.

[139] LAEVEN L, LEVINE R. Bank Governance, Regulation and Risk Taking[J]. Journal of Financial Economics, 2009, 93(2): 259–275.

[140] LAMBERT R, LEUZ C, VERRECCHIA R E. Accounting Information, Disclosure, and the Cost of Capital[J]. Journal of Accounting Research, 2007, 45(2): 385–420.

[141] LEHUEDE H J, KIRKPATRICK G, TEICHMANN D. Corporate Governance Lessons from the Financial Crisis[J]. Ssrn Electronic Journal, 2009, 2009(273):11–12.

[142] LI C, SUN L, ETTREDGE M. Financial Executive Qualifications, Financial Executive Turnover, and Adverse SOX 404 Opinions[J]. Journal of Accounting and Economics, 2010, 50(7): 93–110.

[143] LIN S, PIZZINI M, VARGUS M, et al. The Role of the Internal Audit

Function in the Disclosure of Material Weaknesses[J]. The Accounting Review, 2011, 86 (1): 287–323.

[144] LITVAK K. Did the Sarbanes–Oxley Act Affect Corporate Risk–Taking? The Study of Cross–Listed Companies[J]. Social Science Electronic Publishing, 2007.

[145] MAECHLER A M, MCDILL K M. Dynamic Depositor Discipline in Us Banks[J]. Journal of Banking and Finance, 2006, 30(7):1871–1898.

[146] MCALLISTER P H, MCMANUS D. Resolving the Scale Efficiency Puzzle in Banking[J]. Journal of Banking and Finance, 1993, 17(2–3): 389–405.

[147] MERTON R C. An Analytic Derivation of the Cost of Deposit Insurance and Loan Guarantees: An Application of Modern Option Pricing Theory[J]. Journal of Banking and Finance, 1977, 1(1):3–11.

[148] MOLYNEUX P, THORNTON J. Determinants of European bank profitability: A Note[J]. Journal of Banking and Finance, 1992, 16(6): 1173–1178.

[149] NAIKER V, SHARMA D S. Former Audit Partners on the Audit Committee and Internal Control Deficiencies[J]. The Accounting Review, 2009, 84 (2): 559–587.

[150] OGNEVA M, SUBRAMANYAM K R, RAGHUNANDAN K. Internal Control Weakness and Cost of Equity: Evidence from SOX Section 404 Disclosures[J]. The Accounting Review, 2007, 82(5):1255–1297.

[151] PASIOURAS F, KOSMIDOU K. Factors Influencing the Profitability of Domestic and Foreign Commercial Banks in the European Union[J]. Research in International Business and Finance, 2007, 21 (2):222–237.

[152] PETROVITS C, BHAKESPEARE C, SHIH A. The Causes and Consequences of Internal Control Problems in Nonprofit Organizations[J]. The Accounting Review, 2011, 86, (1): 325–357.

[153] RAGHUNANDAN K, RAMA D V. SOX Section 404 material weakness disclosures and audit fees [J]. Auditing: A Journal of Practice & Theory, 2006, 25(1): 99 – 114.

[154] RICE S C, WEBER D P. How Effective Is Internal Control Reporting under SOX404? Determinants of the (Non–) Disclosure of Existing Material Weaknesses[J]. Journal of Accounting Research, 2012, 50(3): 811–843.

[155] ROMANO R. The Sarbanes–Oxley Act and the Making of Quack Corporate Governance[J]. Yale Law Journal, 2005,114 (7): 1521–1611.

[156] SAGHI–ZEDEK N, TARAZI A. Excess Control Rights, Financial Crisis and Bank Profitability and Risk[J]. Journal of Banking and Finance, 2015, 55:361–379.

[157] SHEHZAD C T, HAAN J D, SCHOLTENS B. The Impact of Bank Ownership Concentration on Impaired Loans and Capital Adequacy[J]. Journal of Banking and Finance, 2010, 34(2):399–408.

[158] SUN J, LIU G. Audit Committees' Oversight of Bank Risk–Taking[J]. Journal of Banking and Finance, 2014, 40(1): 376–387.

[159] WANG H, DAVIDSON W N, WANG, X. The Sarbanes–Oxley Act and CEO Tenure, Turnover and Risk Aversion[J]. The Quarterly Review of Economics and Finance, 2010, 50(3):367–376.

[160] WANG X. Increased Disclosure Requirements and Corporate Governance

Decisions: Evidence from Chief Financial Officers in the Pre–and Post–Sarbanes–Oxley Periods[J]. Journal of Accounting Research, 2010, 48(4): 885–920.

[161] WU Y, TUTTLE B. The Interactive Effects of Internal Control Audits and Manager Legal Liability on Managers' Internal Controls Decisions, Investor Confidence, and Market Prices[J]. Contemporary Accounting Research, 2014, 31(2): 444 – 468.